日本国憲法の真価と改憲論の正体

施行70年、希望の活憲民主主義をめざして

上脇 博之

日本機関紙出版センター

はじめに　～日本国憲法施行70周年の節目に～

大日本帝国憲法（1889年2月11日発布、翌90年11月29日施行）は、国民主権ではなく、基本的人権も保障せず、それゆえ近代憲法の名に値しないものであり、戦争も許容しており、当時の国民に押しつけた前近代的な憲法でした。その結果、日本は、国民を動員して戦争に明け暮れました。1945年8月14日「ポツダム宣言」を受諾して敗戦を迎え、同年9月2日、重光葵外務大臣らと連合国最高司令官のダグラス・マッカーサーが休戦協定に調印、その後、大日本帝国憲法の改正手続きを経て、日本国憲法は「制定」され、46年11月3日に公布、翌47年5月3日に施行されました。

この結果、大日本帝国憲法は施行から56年5カ月で無効となりました。一方、日本国憲法は、今年（2017年）5月3日、施行70周年となりますが、世界史的な意義と日本史的な意義を有しています（本書第1章）。この70年間、日本国憲法は、日本政府によって完全に遵守されてきたとは言えませんが、改憲手続きを経た改正は一切なされてはいません。

施行70周年を迎えようとしている現在でも、日本国憲法は勝戦国アメリカが敗戦国日本に押しつけた憲法なので正当性を有しないから自主憲法を制定（憲法改正）すべきという主張（「押しつけ憲法」論）があります。しかし、その意見は、歴史的事実の点で、また日本国憲法の世界史的及び日本史的意義の点で、決して妥当ではありません（本書第2章）。

日本国憲法は、戦争を放棄し、戦力の保持を禁止し、大日本帝国憲法の「兵役の義務」の定めも削除されたことから、平和憲法と呼ばれます。ところが、少数意見ながら、〝憲法第9条を変えるべきである〟という主張があります。「押しつけ憲法」論もそう主張しています。その目的は何なのでしょうか。国民の中には、〝自衛隊の存在や「専守防衛」を明確にするために9条を改憲するのではないか〟と思っている方々もおられるかもしれません。しかし、そうではありません（本書第3章）。

改憲を党是とする自民党などは２００７年5月に、憲法改正のための手続き法を成立させました。しかし、これは日本国憲法の定めている手続きに合致しているとは言えません（本書第4章）。

安倍晋三内閣は、自民党の憲法改正の目的の一部を、従来の政府解釈の変更（14年7月1日）と、その法制化（15年9月19日）によって達成しました。前者は「解釈改憲」、後者は「立法改憲」と、それぞれ表現できます。それらは平和憲法の蹂躙であり、かつ民主主義の蹂躙でもあります（本書第5章）。

自民党は、２００５年と２０１２年に、日本国憲法の全面改正案を個々具体的に策定しています。平和主義のほか、国民主権主義、基本的人権尊重主義、統治機構、地方自治、象徴天皇制などについても、全面的な「改正」を構想しています。本書では、その内容を、同党の「日本国憲法改正草案」（２０１２年）を素材に、「改正」が日本国憲法とは似て非なるものをめざすものであり、〝憲法改正の限界〟を超える違憲・無効の改憲であることを分析・解説します（本書第6章）。

むしろ今こそ、私たち主権者国民は、日本国憲法の真価を再認識して生かし、政治の最低限の要請として政治に活かすべきですし、さらにはその最低限の要請を超えて日本国憲法が許容する、より高度な福祉国家の民主主義政治をめざすべきです（本書第7章）。

目次　日本国憲法の真価と改憲論の正体

第1章

日本国憲法の歴史的意義

第1節　日本国憲法の世界史的な意義

日本国憲法は、世界史的な意義と日本史的な意義を有しています。まず、世界史的な意義について解説しますが、それは、〝近代憲法としての日本国憲法〟という評価にとどまらず、〝現代憲法としての日本国憲法〟という評価です。以下、この点を詳しく解説しておきましょう。

◆社会規範の一つとしての法規範

そもそも憲法とは何でしょうか。

「〜しなさい」「〜してはいけない」というのは規範といいますが、どのような社会においても、人間が行うべきことを命じたり、行なってはならないことを禁じたりするなど人間の社会生活を規律する規範があります。これを社会規範といいます。

この社会規範にはいくつかあります。道徳規範もありますし、宗教団体に所属していれば宗教規範もあります。社会規範のなかの一つには法規範もあります。

法規範とは言っても、これまたさまざまなものがあります。国際法もありますし、国法もあります。国法に限定して紹介すると、例えば殺人、傷害、窃盗などを禁止し、その各犯罪に対して刑罰をそれぞれ明記している刑法ではないでしょうか。あるいは、個人と個人の契約を結ぶことを思い浮かべると民法、企業（会社）による経済活動を思い浮かべると会社法、労働者や労働組合について思い浮かべると労働法でしょうか。

このように法規範にはさまざまなものがあります。憲法も法規範の一つですが、憲法はその他の法規範と違い、国の最高法規であり、法律はその下位規範ですから、憲法に違反する法律は、法理論的には効力を有しません。

◆「固有の意味での憲法」と「近代的意味での憲法」

憲法とは「国の在り方の基本を定める法」である、と言われる時があります。このような意味で言われる憲法は、国家の存在するところでは、どこでも、どの時代でも、存在してきました。このような意味での憲法は「固有の意味での憲法」と表現されます。ですから、中央集権の君主制（君主主権）で国民の権利・自由が十分保障されているとは言えない封建主義のもとでも、「固有の意味での憲法」は存在したことになります。

しかし、先進資本主義国では、1789年の「フランス革命」など、封建主義の絶対王政を否定した市民革命が起き、それまでとは本質的に異なる憲法観が誕生します。市民革命により、国民主権、国家権力の制限［権力分立］、人権の思想に基づく権利・自由の保障という近代的諸原理に基づいたものでなければ憲法ではない、と考えられるようになります。このような意味での憲法は「近代的な意味での憲法」（近代憲法）と表現されます。前述した封建主義のもとでの憲法は、もう憲法の名に値しないとされたのです。近代的諸原理に基づいていないからです。

◆国家に対する不信、立憲主義、憲法規範

政治学では「権力は腐敗する、絶対的権力は絶対腐敗する」と言われる時がありますが、近代憲法においては、「国家は腐敗する」「国家は暴走する」という国家観がその前提としてありました。国家が腐敗・暴走すれば、国民の権利、自由、平等、生活が脅かされますから、その国家に対しては、腐敗・暴走しないようにするために権力を一つに集中させず（権力分立制）、憲法に立脚して国家をつくり権力に対して歯止めをかけたのです。これは立憲主義と呼ばれ、政治や行政は、憲法に基づいて、あるいは憲法に反しないように、行われなければなりません。国家権力が暴走しないよう、国家権力は憲法によって拘束されるのです。

日本国憲法は、「侵すことのできない永久の権利」としての基本的人権を保障しています（第11条）が、この基本的人権は、世界史的には、「人類の多年にわたる自由獲得の努力の成果」であり、「過去幾多の試錬に堪へ、現在及び将来の国民に対し、侵すことのできない永久の権利として信託されたもの」（第97条）です。

ですから、日本国憲法は「国の最高法規」であって、「その条規に反する法律、命令、詔勅及び国務に関するその他の行為の全部又は一部は、その効力を有しない」とされ（第98条第1項）、「天皇又は摂政及び国務大臣、国会議員、裁判官その他の公務員」に対し「憲法を尊重し擁護する義務」を負

わせているのです（第99条）。

つまり、〝憲法を守る義務〟があるのは国民ではなく、為政者なのです。そして、基本的人権は「立法その他の国政の上で、最大の尊重を必要とする」（第13条第2文）と定め、裁判所には、法律などが憲法に違反するかどうかを審査する権限（法令審査権）を認め、最高裁判所をその審査の最終裁判所と定め、憲法の番人として位置づけています（第81条）。

裁判所が法令審査権を公正に行使するためには、裁判官の身分保障のほか、「司法権の独立」が保障される必要があります。「司法権の独立」は、裁判所が他の国家機関（国会や内閣）から独立して司法権を行使することだけではなく、裁判所内で個々の裁判官が独立していることを要請してもいます。

したがって、憲法の性質としては、憲法によって国家機関（例えば、国会、政府、裁判所）がつくられ、憲法が各国家機関に各権限・権能（例えば、立法権、行政権、司法権）を授ける性質（「授権規範」としての性質）がありますが、それと同時に、各国家機関にはそれぞれ授けられた権限・権能しかないという形で憲法が国家権力を制限する性質（「制限規範」としての性質）があるのです。

◆「国家からの自由」としての自由権

近代憲法は、国家権力を制限し、それを通じて国民の権利・自由を確保しようとしたわけですが、〝人権〟という思想に基づいて権利・自由をより積極的に保障してもいるのです。

そもそも〝人権〟とは国家がつくられる前から人が生まれながらにもっている権利（自然権）で、国家をつくっても、その国家は自然権である人間の権利を侵してはならないという思想に基づいています。近代憲法における人権は、国民生活に対する国家の介入・干渉をできるだけ排除しようとするものであり、「国家からの自由」としての自由権と呼ばれる人権（自由権的基本的人権）です。ですから、例えば、警察は原則として国民の表現活動を制限してはならないのです。

◆現代憲法、「国家による保障」としての社会権

ところで、市民革命後、封建主義から資本主義の経済となり、経済は発展していくわけですが、大きな矛盾も現れます。いわゆる自由放任主義の経済は、国民の間に貧富の差とその拡大を生み、不況による会社の倒産や失業を生み出しました。その最たるものが１９２９年の世界恐慌でした。

これに対し、労働者のための社会主義に進む国家と、それとは全く逆の全体主義（ファシズム）に進む国家があったわけですが、さらに第三の道として、資本主義を維持しながら、国家が経済に介入し、経済活動に対して制限を加える修正資本主義の国家があり、社会国家または福祉国家と呼ばれてきました。

このような国家においては、自由権だけではなく、国家によって経済的・社会的弱者を守るための人権が保障されるようになります。その人権が「国家による保障」としての社会権（社会権的基本的人権）です。このように自由権だけではなく社会権も保障している憲法は現代憲法と呼ばれます（た

だし、その代表的憲法であるワイマール憲法の制定は世界恐慌前の1919年です)。

◆近代憲法・現代憲法としての日本国憲法

日本国憲法も、以上のような世界史的な性格を有しています。

後述するように、日本国憲法では、国民主権を採用し(前文・第1条)、「国家からの自由」としての自由権(自由権的基本的人権)を保障し(第3章)、議院内閣制ではあるものの権力分立制(国会、内閣、裁判所の三権分立制)を採用しています。これらの点で、日本国憲法には近代憲法としての性格が確認できます。

日本国憲法の基本的人権の保障は、自由権だけの保障にとどまりません。生存権(第25条)、教育を受ける権利(第26条)、勤労権(第27条)、労働基本権(団結権・団体交渉権・団体行動権。第28条)という社会権(社会権的基本的人権)も保障しているのです。したがって、日本国憲法は現代憲法としての性格を有しています。

そのうえ、後述するように、日本国憲法は、平和的生存権を保障している(前文)点で、先進的な現代憲法と表現できます。

第2節　自由民権運動の弾圧結果としての大日本帝国憲法

日本国憲法は、以上の世界史的な意義に加えて、日本史的な意義を有しています。それは、天皇主権から国民主権への移行、侵略戦争肯定から一切の戦争の放棄への移行、「臣民の権利」から社会権も含む基本的人権の尊重主義への移行です。地方自治の保障もあります。以上の点を本節及び次節で解説しておきましょう。

◆自由民権運動、憲法制定運動の弾圧

日本では、１８７４年から10年余りの期間、封建主義を打破しようとする自由民権運動が起きます。これは、国会の開設、基本的人権の確保、地租の軽減、不平等条約の改正などを求める民主主義運動でした。この運動の中で、「五日市憲法草案」（１８８１年）のほか、近代憲法に類似した数多くの憲法草案が考案されます。

例えば、国会期成同盟において指導的役割を果たした立志社の憲法起草委員・植木枝盛の憲法案である「東洋大日本国々憲案（日本国国憲案）」（１８８１年）は、「皇帝」を認めているものの、連邦制の地方自治のほか、本書第2章で紹介するように、平等、自由権、抵抗権、革命権等を保障し国会中心の三権分立制を構想していました。

◆外見的立憲主義の大日本帝国憲法（明治憲法）

ところが当時の明治政府は、この運動を弾圧して大日本帝国憲法を制定します（1889年2月11日発布、翌90年11月29日施行）。つまり、市民革命のような「下からの近代化」ではなく、旧特権階級のイニシアティヴによる「上からの近代化」により憲法が制定されたので、大日本帝国憲法は近代的な諸原理に基づいていなかったのです。そのため立憲主義は、内実を伴わず、表向きのもの、外見的なものにすぎませんでした（外見的立憲主義）。

具体的には、まず、国民主権ではなく、「万世一系」の天皇が「大日本帝国」を統治し（第1条）、天皇は「神聖」で侵してはならない存在で（第3条）、国の「元首」として「統治権」を「総攬」していました（第4条）。つまり日本版の王権神授説に基づく天皇主権（君主主権）でした。

天皇が一手に掌握する統治権は大権と呼ばれ、それは大きく三つに分類できました。

①宮務（皇室）大権。これは皇室に関する大権です。皇室に関する事務については、皇室自律主義とされ、議会は関与することができず、この大権の輔弼は内閣外にあった宮内大臣が行っていました。

②陸海軍の統帥大権（第11条）。これは皇軍（天皇の軍隊）と呼ばれた軍隊に関する大権です。この大権は、国務大臣の輔弼を要しないもので、軍令機関（とくに陸軍参謀総長、海軍軍令総長）が輔弼していました。

③広義の国務大権。この大権は、宮務大権と統帥大権を除くすべての大権で、これは次の三つに分

類できました。

・立法大権。この大権は、法律の制定に関する大権で、天皇は「帝国議会」の「協賛」をえて「立法権」を行い（第5条）、「裁可」します（第6条）。

・司法大権。この大権は、司法・裁判に関する大権で、「司法権」は裁判所に委任し、天皇の「名」で「裁判所」が行います（第57条）。

・狭義の国務大権。この大権は、立法大権と司法大権を除く行政に関する大権で、天皇は法律の「執行」を命令し（第6条）、「国務各大臣」は天皇を「輔弼」します（第55条）。

このように、主権者天皇が統治権を「総攬」し、権力分立も外見的なものにすぎませんでした。そのうえ、憲法上の規定はあるものの憲法に詳細な規定がなされていなかった機関（枢密院、枢密顧問。第56条）、さらには、憲法に規定されていなかった機関（「御前会議」や「重臣会議」）が存在し、重要な役目を果たしていました。建前は立憲君主制でしたが、実質は絶対君主制だったと言っても過言ではありませんでした。まさに天皇（君主）の憲法、すなわち、欽定憲法でした。

皇室について定められている「皇室典範」は、大日本帝国憲法と同じ「国の最高法規」でした。

大日本帝国憲法における天皇制および国家機関の主たる規定

第1条　大日本帝国ハ万世一系ノ天皇之ヲ統治ス

第2条　皇位ハ皇室典範ノ定ムル所ニ依リ皇男子孫之ヲ継承ス
第3条　天皇ハ神聖ニシテ侵スヘカラス
第4条　天皇ハ国ノ元首ニシテ統治権ヲ総攬シ此ノ憲法ノ条規ニ依リ之ヲ行フ
第5条　天皇ハ帝国議会ノ協賛ヲ以テ立法権ヲ行フ
第6条　天皇ハ法律ヲ裁可シ其ノ公布及執行ヲ命ス
第37条　凡テ法律ハ帝国議会ノ協賛ヲ経ルヲ要ス
第55条　国務各大臣ハ天皇ヲ輔弼シ其ノ責ニ任ス
第56条　枢密顧問ハ枢密院官制ノ定ムル所ニ依リ天皇ノ諮詢ニ応ヘ重要ノ国務ヲ審議ス
第57条　司法権ハ天皇ノ名ニ於テ法律ニ依リ裁判所之ヲ行フ

◆「臣民の権利」と「法律の留保」

天皇主権の大日本帝国憲法は、自由民権運動を抑圧して「上から」制定されたものでしたので、国民を「臣民」と呼んでしました。国民の民主化運動の展開を予測・意識して、「憲法発布勅語」において「現在及将来ノ臣民ハ此ノ憲法ニ対シ永遠ニ従順ノ義務ヲ負フヘシ」と明記し、国民（臣民）に対し大日本帝国憲法を押しつけたのです。

それゆえ、大日本帝国憲法は、普通選挙を保障してはいませんでした。帝国議会は、貴族院と参議院の二院制で（第33条）、貴族院議員は民選ではありませんでした（第34条）し、また、衆議院は民選でした（第35条）が、１９２５年に25歳以上の男性のみの普通選挙が採用されるまで、制限選挙でした。

また衆議院を解散できるのは、主権者天皇だけでした（第７条）。

大日本帝国憲法における二院制の規定

第７条　天皇ハ帝国議会ヲ召集シ其ノ開会閉会停会及衆議院ノ解散ヲ命ス
第33条　帝国議会ハ貴族院衆議院ノ両院ヲ以テ成立ス
第34条　貴族院ハ貴族院令ノ定ムル所ニ依リ皇族華族及勅任セラレタル議員ヲ以テ組織ス
第35条　衆議院ハ選挙法ノ定ムル所ニ依リ公選セラレタル議員ヲ以テ組織ス
第36条　何人モ同時ニ両議院ノ議員タルコトヲ得ス

衆議院議員総選挙における有権者数等

選挙	有権者数	全人口に対する比	選挙人資格
第１回１８９０年（明治23）７月１日	45万人	１・１％	25歳以上、直接国税15円以上（１８８９年）

第7回1902年（明治35）8月10日	98万人	2・2％	直接国税が10円以上になる（1900年）
第14回1920年（大正9）5月10日	307万人	5・5％	直接国税が3円以上になる（1919年）
第16回1928年（昭和3）2月20日	1241万人	20・0％	納税要件撤廃・男子普通選挙（1925年）

そもそも「臣民の権利」の保障は、人権の思想に基づかず、法律等によって権利が容易に制限できるものでした（「法律の留保」）。大日本帝国憲法の条文によると、例えば、「居住及移転ノ自由」（第22条）や「言論著作印行集会及結社ノ自由」（第29条）は、「法律ノ範囲内ニ於テ」しか保障していませんでした。また、国民（臣民）は神社参拝が義務とされた（国家神道）ので、信教の自由は「臣民タルノ義務ニ背カサル限ニ於テ」しか保障されませんでした（第28条）。

そのうえ、帝国議会閉会中に緊急の必要がある場合に法律に代わるものとして天皇が発する命令（ただし国会の事後承認が必要）という緊急勅令（第8条）、法律に基づくことなく天皇が帝国議会から独立して独自に発する命令（ただし法律を変更できない）という独立命令（第9条）も認められていました。

大日本帝国憲法における「臣民の権利」に関する規定

第8条　天皇ハ公共ノ安全ヲ保持シ又ハ其ノ災厄ヲ避クル為緊急ノ必要ニ由リ帝国議会閉会ノ場合ニ於テ法律ニ代ルヘキ勅令ヲ発ス

第9条　天皇ハ法律ヲ執行スル為ニ又ハ公共ノ安寧秩序ヲ保持シ及臣民ノ幸福ヲ増進スル為ニ必要ナル命令ヲ発シ又ハ発セシム但シ命令ヲ以テ法律ヲ変更スルコトヲ得ス

第19条　日本臣民ハ法律命令ノ定ムル所ノ資格ニ応シ均ク文武官ニ任セラレ及其ノ他ノ公務ニ就クコトヲ得

第22条　日本臣民ハ法律ノ範囲内ニ於テ居住及移転ノ自由ヲ有ス

第23条　日本臣民ハ法律ニ依ルニ非スシテ逮捕監禁審問処罰ヲ受クルコトナシ

第24条　日本臣民ハ法律ニ定メタル裁判官ノ裁判ヲ受クルノ権ヲ奪ハルヽコトナシ

第25条　日本臣民ハ法律ニ定メタル場合ヲ除ク外其ノ許諾ナクシテ住所ニ侵入セラレ及捜索セラルヽコトナシ

第26条　日本臣民ハ法律ニ定メタル場合ヲ除ク外信書ノ秘密ヲ侵サルヽコトナシ

第27条　日本臣民ハ其ノ所有権ヲ侵サルヽコトナシ

2　公益ノ為必要ナル処分ハ法律ノ定ムル所ニ依ル

第28条　日本臣民ハ安寧秩序ヲ妨ケス及臣民タルノ義務ニ背カサル限ニ於テ信教ノ自由ヲ有ス

第29条　日本臣民ハ法律ノ範囲内ニ於テ言論著作印行集会及結社ノ自由ヲ有ス
第30条　日本臣民ハ相当ノ敬礼ヲ守リ別ニ定ムル所ノ規程ニ従ヒ請願ヲ為スコトヲ得

さらに、１９２５年には「国体を変革」すること等を目的とする結社の組織・加入・扇動・財政援助を処罰する治安維持法も制定され（最高刑は懲役10年でしたが、１９２８年には国体変革〈天皇制否定〉目的の行為に対し死刑・無期懲役と「改正」され、１９４１年には刑期終了後も拘禁できる予防拘禁制度も導入されました）、当時の国民は、拷問・虐待も受け、弾圧されました（１９４５年、連合国軍最高司令部〈ＧＨＱ〉の指令で廃止されました）。

◆男尊女卑の思想と封建的家制度

大日本帝国憲法のもとでは、戸主が家庭内で中心となり男尊女卑の思想が支配し、「戸主」は「家族」に対して優位し、「夫」は「妻」に対して優位し、「親」は「子」に対して優位し、「男」は「女」に対して優位しており、前者は後者を支配統制する関係にあったので、「個人」よりも「家」を重視し、「子」よりも「親」を重視し、「妻」よりも「夫」を重視し、「夫婦」よりも「親子」を重視するという「身分的な不平等と固定的な序例」が家庭内で存在し、個人の尊厳も両性の本質的平等も保障されていませんでした。そのため個人の尊重と平等に立脚する民主主義が育成されることは不可能でした。

さらに民法や刑法でも、家父長制を前提に女性（妻）を差別した条項が定められていました。１９００年の治安警察法では、「女子」は「政事上ノ結社」に「加入」することが禁止されていました（第５条第５号）し、いわゆる制限選挙から普通選挙に変わった時も「女子」は排除されていました（男子のみの普通選挙）。

◆地方自治なし

地方制度は、中央政府の意向を国の隅々まで実現する手段にすぎませんでしたので、独自の自治が保障されてはいませんでした。

そのため例えば、府県知事は国の官吏であり、市長は市会の推薦した候補者の中から内務大臣が天皇の裁可を経て任命し、町村長も町村会で選挙された者を知事が認可し、市町村の行政は知事や内務大臣の監督に服することになっていました。

◆戦争憲法

以上のように、大日本帝国憲法は、天皇主権で、国民に人権を保障してはおらず、それゆえ近代憲法と評することはできませんでした。また他国の憲法同様、戦争を許容していました。

その結果、日本は大日本帝国憲法施行から４年も経過していないのに日清戦争（１８９４年～95年）を起こし、その後、義和団の乱（１９００年～01年）に参戦し、日露戦争（１９０４年～05年）を行い、第一次世界大戦(1914年~18年)にも日英同盟に基づき参戦しました。さらに、満州事変(1931年~32年)、日中戦争(1937年~45年)を起こし、ファシズム連合である日独伊三国同盟(1940年)を締結して太平洋戦争(1941年~45年)へと戦争を拡大してきました。

日本は、以上の戦争において戦争加害国となり、他国の領土・島の占領などをしました。1945年になると、東京大空襲、大阪大空襲、沖縄戦などで敗戦が明らかにもかかわらず、日本政府は、アメリカ・イギリス・中国の共同声明である「ポツダム宣言」(7月26日)を、当初黙殺しました。そして8月6日と9日に広島と長崎でアメリカの原爆投下を受け(対日参戦したソ連は8月8日に同宣言に署名)、同月14日にやっとポツダム宣言を受諾し、9月2日休戦協定に署名し、敗戦を迎えました。

このように大日本帝国憲法下の約55年間の半分近くは、日本が侵略戦争に明け暮れた年月でした。同憲法のもとで、主権者でなかった国民は、日本政府の侵略戦争に動員され、戦争加害者にされると同時に戦争被害者にもなり、戦争に反対する政党・団体・個人は治安維持法(1925年)などにより弾圧されました。そのため、近代憲法に値せず外見的立憲主義にすぎなかった大日本帝国憲法は、結果的には戦争憲法だったと表現できるでしょう。

第3節　日本国憲法の日本史的な意義

◆国民主権と象徴天皇制

日本国憲法は当時の支配層が必ずしも全面的に一掃されない中で「制定」されたため、連合国軍最高司令官総司令部（ＧＨＱ）の占領政策の思惑もあり、天皇の戦争責任を不問にし、天皇制が象徴天皇制という形で残りました（日本国憲法第１章）。とはいえ、客観的には大日本帝国憲法の反省の上に誕生したと言っても過言でない内実を有しています。

日本国憲法は、前述したように天皇主権という君主主権を廃止し、国民主権を採用しました（前文・第１条）。

天皇は国政に関する権能を一切有せず（第４条）、憲法の定める「国事行為」しかできなくなった（第６条、第７条）ので、天皇制は象徴天皇制に変わりました。なお、保守政権は、憲法の定めのない「公的行為」を天皇に行わせていますが、違憲であるとの批判があります。

大日本帝国憲法時代には国の最高法規だった「皇室典範」は、国会が改廃する「法律」と位置づけられ、最高法規である日本国憲法の下位規範になり、他の法律と同じになりました。

◆参政権

日本国憲法は、国民主権を採用したので、主権者国民が政治に参加する権利（参政権）として、男女平等の「成年者による普通選挙」を保障しました（第15条）。集会、結社、表現の自由（第21条第1項）を保障したことで、政治活動の自由や選挙運動の自由も保障しています。そのほか、請願権（第16条）や国家賠償請求権（第17条）も保障しました。

最高裁判所の裁判官については、主権者による国民審査を採用しています（第79条第2項・第3項・第4項）。

◆侵略戦争の反省としての日本国憲法

以上の他に特筆すべきは、日本国憲法の平和主義が客観的には大日本帝国憲法の立場を反省して生まれていると言えることです。

大日本帝国憲法の下では、軍隊を認め、実際に軍隊を有していましたので、戦争を行うことが可能になっていました。主権者天皇は皇軍（天皇の軍隊）と呼ばれた「陸海軍」を「統帥」し（第11条）、「陸海軍」の「編制及常備兵額」を定め（第12条）、戦争を宣言し講和し（第13条）、「戒厳」を「宣告」することができ（第14条）、「日本臣民」は「兵役」の「義務」を負っていました（第20条）。

このような前近代的憲法のもとで、前述したように侵略戦争が強行されたわけですが、それは「政府の行為」によって引き起こされ、その結果として「戦争の惨禍」が起きたので、日本国憲法は、そうならないよう（前文）、第9条を制定し「国権の発動たる戦争」だけではなく「武力による威嚇又は武力の行使」さえも「永久に」「放棄」し（第9条第1項）、それを確実に可能にするために「陸海空軍その他の戦力」を「保持」せず、「国の交戦権」を「認めない」（同条第2項）としたのです。

大日本帝国憲法	**日本国憲法**
第11条　天皇ハ陸海軍ヲ統帥ス **第12条**　天皇ハ陸海軍ノ編制及常備兵額ヲ定ム **第13条**　天皇ハ戦ヲ宣シ和ヲ講シ及諸般ノ条約ヲ締結ス **第14条**　天皇ハ戒厳ヲ宣告ス 2　戒厳ノ要件及効力ハ法律ヲ以テ之ヲ定ム **第20条**　日本臣民ハ法律ノ定ムル所ニ従ヒ兵役ノ義務ヲ有ス **第31条**　本章ニ掲ケタル条規ハ戦時又ハ国家事変ノ場合ニ於テ天皇大権ノ施行ヲ妨クルコトナシ **第32条**　本章ニ掲ケタル条規ハ陸海軍ノ法令又	**前文**　日本国民は、……政府の行為によって再び戦争の惨禍が起ることのないやうにすることを決意し、……この憲法を確定する。……。われらは、全世界の国民が、ひとしく恐怖と欠乏から免かれ、平和のうちに生存する権利を有することを確認する。……。 第9条　日本国民は、正義と秩序を基調とする国際平和を誠実に希求し、国権の発動たる戦争と、武力による威嚇又は武力の行使は、国際紛争を解決する手段としては、永久にこれを放棄する。 2　前項の目的を達するため、陸海空軍その他

ハ紀律ニ牴触セサルモノニ限リ軍人ニ準行ス

の戦力は、これを保持しない。国の交戦権は、これを認めない。

要するに、日本が戦争等を行うための手段を日本政府から奪っているのが日本国憲法第9条なのです。そうすることで、「われらは、全世界の国民が、ひとしく恐怖と欠乏から免かれ、平和のうちに生存する権利を有することを確認する」（前文）として、いわゆる平和的生存権が保障されたのです。ですから、日本国憲法は徴兵制の採用を禁止していると解釈できるだけではなく、日本政府が再軍備することを明文で禁止している以上、日本政府が再軍備すれば国民の平和的生存権を侵害していることになるのです（浦部法穂『憲法学教室〔第3版〕』日本評論社・2016年422～429頁）。現代憲法の特徴には、非軍事平和主義（非武装平和主義）と平和的生存権の保障も付け加えられるべきです。

◆個人主義と男女平等

そして前述したように、大日本帝国憲法になかった人権の思想に基づき基本的人権が保障されました。保障されている基本的人権は、自由権だけではなく、前述したように社会権も含まれていますが、自由権は、戦前の反省を踏まえて十分保障されています。

真っ先に挙げるべきは、個人主義の採用と男女平等の定めです。大日本帝国憲法の下では、全体主義と家父長的家制度が支配したため、女性が好きな男性と結婚できず、結婚後も家庭内で差別され、民主主義の発展が阻害されていました。このことを反省して、日本国憲法は、個人の尊重と幸福追求権を保障する（第13条）とともに、「法の下の平等」を定め、性別などを理由とした差別を禁止し（第14条）、かつ、婚姻の自由、夫婦の同等の権利を保障し、家族法における「個人の尊厳」と「両性の本質的平等」を要請（第24条）するという、これは世界に例を見ない先駆的な人権保障でした。

◆「人身の保障」の充実

大日本帝国憲法の下では、いわゆる「人身の自由」に関する条項は2条（第23条、第25条）しかなく、かつ、その自由は法律の定め方次第で保障されるにすぎませんでした。そのため、天皇制や侵略戦争に反対する国民は、治安維持法などにより拷問などの弾圧を受けました。大日本定国憲法下の日本は警察国家そのものでした。しかしそれを反省して、「人身の自由」が日本国憲法により手厚く保障されることになりました。

刑事手続きにおいては、罪刑法定主義と適正手続きが採用され（第31条。なお、行政手続きにおいても適正手続きが要請されると解すべきです）、「公平な裁判所の迅速な公開裁判を受ける権利」が保障されました（第37条第1項）。現行犯以外の逮捕、家宅捜索および押収においては、いわゆる令状主義が要求され（第33条、第35条）、弁護人依頼権も保障されました（第34条、第37条第3項）。公務員による拷問や残虐な刑罰は絶対禁止となり（第36条）、自白の強要も禁止される（第38条第1項）とともに、自白の証拠能力も限定しました（同条第2項・第3項）。

奴隷的拘束は絶対禁止となり、意に反する苦役は刑事裁判で有罪になった場合の刑罰を例外として原則禁止されました（第18条）。また、刑事裁判で無罪になった場合、国家補償を求める権利が保障されました（第40条）。

◆戦前を踏まえた精神的自由権の保障

戦前は、天皇主権の下で、それに反する思想、信仰、学問が許されなかったので、思想・良心の自由（第19条）、信教の自由と（第20条第1項）、学問の自由（第23条）が保障されました。このうち、信教の自由の保障を徹底するために政教分離を採用しました（第20条第2項・第3項）。そのほか、集会、結社、表現の自由も保障され、検閲の禁止も明記されました（第21条第1項・第2項）。これらの精神的自由が保障されたのは、大日本帝国憲法の下で保障されなかった反省の結果です。

思想・良心の自由は絶対的保障であり、「公共の福祉」（第12条・第13条）の制約も受けませんし、それ以外の人権は「公共の福祉」の制約を受けますが、その制約が大日本国憲法の下での「法律の留保」と同じ結果にならないように、行使された人権と人権の衝突を調整するなど基本的人権そのものに内在する制約（内在的制約）しか許されません。

これは、職業選択の自由（第22条）や財産権（第29条）など経済的自由権を中心に保障している条項の「公共の福祉」とは意味が異なります。経済的自由権を制約する「公共の福祉」は、日本国憲法が社会権を保障していることを踏まえ、経済的・社会的弱者保護のために、内在的制約以上に国家の政策による制約（外在的制約・政策的制約）を許容するものです。つまり、国の政策により、もっと高度な福祉国家を実現するために、経済的自由権を制限することができるのです。

◆議院内閣制と三権分立制

日本国憲法では、議院内閣制は維持したものの、天皇主権から国民主権に変わったため、統括機構の実質的内実は根本的に変わりました。中央集権を反省して、前述したように三権分立制（国会・内閣・裁判所）を採用しました（第4章・第5章・第6章）。

国会は国民生活に影響を与える法律を制定・改廃する立法府であり（第41条）、内閣は法律を執行する行政府であり（第65条）、裁判所は法的紛争を解決する司法府です（第79条）。

国会議員は、主権者国民によって選挙で選任される（第15条・第43条）ので、国会は、主権者国民の代表機関です。それゆえ、「国の唯一の立法機関」であると同時に、「国権の最高機関」でもあります（第41条）。

◆二院制

国会は、衆議院と参議院の二院制です（第42条）。衆議院議員の任期は4年ですが、任期満了前に解散される可能性があります（第45条）が、参議院議員の任期は6年、半数改選で、解散は予定されていません（第46条）。衆議院議員も参議院議員も、主権者の代表としての公務を果たせるよう、国庫から歳費を受け取る権利（第49条）、不逮捕特権（第50条）、免責特権（第51条）が保障されています。

衆議院の解散権は、大日本帝国憲法では主権者天皇にありました（第7条）が、日本国憲法では、議院内閣制を採用したため、内閣にあります（第69条）。これまで不信任案が可決した場合以外に内閣が衆議院を解散した場合、日本国憲法第7条（天皇の国事行為）が明示されていますが、天皇には「国政に関する権能」が付与されていない（第4条）ので、その明示が内閣の解散権行使の根拠としてであれば明らかに間違いです。

衆議院が解散されると参議院も同時に閉会になりますが、「国に緊急の必要があるとき」、内閣は「参議院の緊急集会」を求めることができます（第54条）。

◆地方自治の明記

また、日本国憲法は、大日本帝国憲法では一切の定めがなかった「地方自治」を新しく採用しました（第8章）。地方自治体は、「地方自治の本旨」として（第92条）、住民自治と団体自治が保障され、住民の代表機関として議会を設定することができ、各地方自治体の長（都道府県知事、市町村長）および議会の議員は、各住民による直接選挙で選任されることになり（第93条第1項・第2項）、条例を制定する権限を認められました（第94条）。

国会が制定する法律は、通常、日本全国に適用されるものですが、国会が一部の地方自治体にのみ適用される特別法を制定するときには、その地方自治体の住民による投票（住民投票）で過半数の同意を得なければ、国会はその特別法を制定することができないと定めました（第95条）。直接民主主義の採用です。

第２章

「日本国憲法＝押しつけ憲法」論の検証

第1節　「ポツダム宣言」受諾の意味を理解していなかった日本政府

◆日本国憲法は勝戦国アメリカが敗戦国日本に押しつけた？

前章で解説した世界史的意義及び日本史的意義を有する日本国憲法について、〝戦争で勝ったアメリカ（特にマッカーサー）が戦争で負けた日本及び日本人に対し「押しつけた」ものだから無効である〟または〝「押しつけた」もので正当性がないから自主憲法を制定すべきである〟と主張する意見（「押しつけ憲法」論）があります。

もちろん、日本国民の間には、このような「押しつけ憲法」論が支配的なわけではありません。〝日本国憲法は、必ずしも戦争で勝ったアメリカ（特にマッカーサー）が戦争で負けた日本に「押しつけた」ものではない〟という意見がありますし、また、〝「押しつけた」ものであるが、その内容が良いから今の日本国憲法で良かった〟という意見もあります。

しかし、いまだに少数意見ながらも、「押しつけ憲法」論が主張されています。本書第6章で取りあげる自民党「日本国憲法改正草案」（2012年4月27日）も、この「押しつけ憲法」論の立場から提案されたようで、自民党「日本国憲法改正草案Q＆A」（同年10月）は、「日本国憲法改正草案」を取りまとめた理由を、次のように説明しています（Q1の答

「わが党は、結党以来、自主憲法制定を党是としています。占領体制から脱却し、日本を主権国家にふさわしい国にするため、これまで憲法改正に向けて多くの提案を発表してきました。……現行憲法は、連合国軍の占領下において同司令部が提示した草案を基に、その了解の範囲において制定されたものです。日本国の主権が制限された中で制定された憲法は、国民の自由な意思が反映されていないと考えます。」

確かに憲法は終戦後の占領期に「制定」されました。この占領は、連合国の直接統治の方式ではなく、連合国軍最高司令官総司令部の指令を日本政府が実施する「間接統治」の方式を採用していました。１９４５年12月のモスクワ外相会議の結果、日本占領管理機構としてワシントンに極東委員会が、東京には対日理事会が、それぞれ設置されることが決まりますが、その前からアメリカ軍の将校（元帥）ダグラス・マッカーサーが連合国軍最高司令官総司令部（ＧＨＱ）の最高司令官であり、事実上の単独占領をしたアメリカ占領軍は日本の「民主化」政策を進めたわけです。

◆「ポツダム宣言」に合致しない日本政府案

しかし、その出発点は、アメリカ・イギリス・中国の共同声明である「ポツダム宣言」（１９４５年7月26日）を日本が受諾（同年8月14日）し、ようやく休戦協定を同年9月2日に締結したことでした。

「ポツダム宣言」は、過去の戦争で日本が占領などした領土・島を返還し（1941年の「カイロ宣言」の履行）、日本の主権を「本州、北海道、九州、四国」とアメリカ等が認める島に限定することのほか、日本国民が軍国主義者による統治を続けるのか、理性ある道を歩むのかを決意する時期が到来していること、日本国の戦争遂行能力をなくしてしまうこと、日本国軍隊が完全に武装解除すること、日本政府は民主主義を復活強化し、基本的人権の尊重を確立すること、戦争のために再軍備するための産業を認めないことなどを求めていました。

したがって、日本はポツダム宣言を受諾した以上、軍国主義から民主主義国家にならなければならず、そのためには大日本帝国憲法とは正反対の平和憲法を制定しなければならなかったのです。

「ポツダム宣言」には、〝新憲法の制定〟は明記されていませんが、「ポツダム宣言」の内容からすれば、大日本帝国憲法が存続できるはずがないことは、あまりにも明白です。日本政府には「ポツダム宣言」を黙殺し続けて戦争を継続するという選択肢はなかったでしょう。

その内容の「ポツダム宣言」を受諾した以上、日本は、それに合致する（少なくとも反しない）国づくりをしなければなりません。憲法が国の最高法規である以上、「ポツダム宣言」に合致する（少なくとも反しない）〝新憲法の制定〟（大日本帝国憲法の改正）をするしかなかったのです。

日本が「休戦協定」（降伏文書）に調印した2日後の9月4日に開会した第88回帝国議会で、「平和國家を確立して…」という天皇の勅語が読み上げられました。この時の第43代・東久邇宮稔彦首相（1945年8月17日〜同年10月9日）は「私の演説の原稿についても、わが国民が敗戦と降伏の真実を認識し了解することが、将来の苦難を覚悟し、民主的、平和的新日本を建設する基になると考えた」と当時の心境を日記に書き残しています（『東久邇日記』徳間書店）。

それゆえ同年（１９４５年）10月11日、マッカーサーは幣原喜重郎首相との会談で憲法改正に取り組むように示唆し、同月13日、日本政府は「憲法問題調査委員会」（委員長は幣原内閣の国務大臣・松本蒸治）設置を決定し、同委員会は10月末から動き出しました。

前述したように、自民党「日本国憲法改正草案Ｑ＆Ａ」によると、同党「日本国憲法改正草案」は「押しつけ憲法」論の立場で策定されています。「参考資料」として「ポツダム宣言」を収録しているものの、本文の「Ｑ＆Ａ」の中で同宣言と日本国憲法との関係性を一切説明しないどころか、一言も言及してはいないのです。つまり、自分たちに都合の悪い真実については、解説どころか、言及さえしてはいません。この点は、「日本国憲法改正草案Ｑ＆Ａ増補版」（２０１３年10月）においても全く同じです。

第2節　民間草案を参考にした「GHQ案」

◆「マッカーサーノート」と「GHQ草案」

1946年2月8日、「憲法問題調査委員会」（松本委員会）は「憲法改正要綱」（松本甲案）を占領軍に提出しました。しかし、その内容は、「天皇ハ至尊ニシテ侵スヘカラス」と改めるにとどまり、天皇の「緊急勅令」も改定にしながらも残し、「軍」を認めるなど大日本帝国憲法と本質的に大きく異ならず、「ポツダム宣言」に合致しないものでした。

憲法問題調査委員会「憲法改正要綱」（松本甲案）の規定の一部

第1章　天皇

1　第3条ニ「天皇ハ神聖ニシテ侵スヘカラス」トアルヲ「天皇ハ至尊ニシテ侵スヘカラス」ト改ムルコト

2　第7条所定ノ衆議院ノ解散ハ同一事由ニ基ツキ重ネテ之ヲ命スルコトヲ得サルモノトスルコト

3　第8条所定ノ緊急勅令ヲ発スルニハ議院法ノ定ムル所ニ依リ帝国議会常置委員ノ諮詢ヲ経ル

ヲ要スルモノトスルコト
4　第9条中ニ「公共ノ安寧秩序ヲ保持シ及臣民ノ幸福ヲ増進スル為ニ必要ナル命令」トアルヲ「行政ノ目的ヲ達スル為ニ必要ナル命令」ト改ムルコト（要綱10参照）
5　第11条中ニ「陸海軍」トアルヲ「軍」ト改メ且第12条ノ規定ヲ改メ軍ノ編制及常備兵額ハ法律ヲ以テ之ヲ定ムルモノトスルコト（要綱21参照）

第2章　臣民権利義務

10　日本臣民ハ本章各条ニ掲ケタル場合ノ外凡テ法律ニ依ルニ非スシテ其ノ自由及権利ヲ侵サルルコトナキ旨ノ規定ヲ設クルコト

第4章　国務大臣及枢密顧問

21　第55条第1項ノ規定ヲ改メ国務各大臣ハ天皇ヲ輔弼シ一切ノ国務ニ付帝国議会ニ対シテ其ノ責ニ任スルモノトシ且同条第2項中ニ軍ノ統帥ニ関ル詔勅ニモ亦国務大臣ノ副署ヲ要スル旨ヲ明記スルコト

「憲法改正要綱」（松本案）が占領軍に提出される5日前の同年2月3日、マッカーサーは、①天皇を世襲として残すという原則、②「自己の安全を保持するための」手段としての戦争をも放棄するという原則、③日本の封建制度を廃止するという原則（マッカーサー・ノート）をGHQ民政局長ホイットニーに提示しました。

同月13日、外務大臣官邸においてホイットニーは、松本国務大臣、吉田茂外務大臣らに対し、さきに提出された「憲法改正要綱」（松本甲案）を拒否することを伝えました。そして、その場で、天皇を「国家ノ象徴ニシテ又人民ノ統一ノ象徴タルヘシ」とし「戦争ノ廃棄」を明記した「GHQ草案」（マッカーサー草案）を手渡しました。

マッカーサーノート第二原則

Ⅱ

国家の主権的権利としての戦争は全廃される。日本は、その紛争を解決するための手段としての戦争、および、自己の安全を保持するための手段としての戦争さえも放棄する。日本はその防衛と保護を、今や世界を動かしつつある崇高な理想に委ねる。

日本のいかなる陸軍、海軍、空軍も決して許されないし、交戦権は日本のいかなる軍隊にも決し

マッカーサー草案（GHQ草案）第2章

第2章　戦争ノ廃棄

第8条　国民（nation）ノ一主権トシテノ戦争ハ之ヲ廃止ス

他ノ国民（nation）トノ紛争解決ノ手段トシテノ武力ノ威嚇又ハ使用ハ永久ニ之ヲ廃棄ス

陸軍、海軍、空軍又ハ其ノ他ノ戦力ハ決シテ許諾セラルルコト無カルヘク又交戦状態ノ権利ハ決シテ国家ニ授与セラルルコト無カルヘシ

て与えられない。

同年3月6日、日本政府は「天皇ハ日本国民至高ノ総意ニ基キ日本国及其ノ国民統合ノ象徴タルベキコト」とし「戦争ノ抛棄」を明記した「憲法改正草案要綱」（3月5日案）を発表するに至るわけです。

憲法改正草案要綱（3月5日案）

第1　天皇

第1　天皇ハ日本国民至高ノ総意ニ基キ日本国及其ノ国民統合ノ象徴タルベキコト

第2　戦争ノ抛棄

第9　国ノ主権ノ発動トシテ行フ戦争及武力ニ依ル威嚇又ハ武力ノ行使ヲ他国トノ間ノ紛争ノ解決ノ具トスルコトハ永久ニ之ヲ抛棄スルコト

陸海空軍其ノ他ノ戦力ノ保持ハ之ヲ許サズ　国ノ交戦権ハ之ヲ認メザルコト

◆「マッカーサーノート」策定と「GHQ草案」提案の理由

実は、その直前の同年2月1日、毎日新聞が事前に憲法問題調査委員会（松本委員会）で検討されていた「日本国は君主国とす」という「試案」をスクープ報道しました。同案は、松本委員会の内部では比較的リベラルなものでした（いわゆる「宮沢甲案」にほぼ相当）が、「ポツダム宣言」を基準にすると、毎日新聞が「あまりに保守的、現状維持的」と評せざるをえないほどの内容でした。

それゆえ、GHQはこの「試案」が極めて保守的なものであるがゆえに、同委員会が「ポツダム宣言」に合致しないものを提案しそうだと事前に知ったのです。だからこそ、マッカーサーは「マッカーサーノート」の3原則をGHQの民政局に提示し、憲法草案（「GHQ草案」）の作成を委ねたわけです。

加えて、注目しなければならないことがあります。それは、終戦直後、民間草案が複数策定されており、日本の世論を注視していたGHQ民政局がそれを英訳して分析していたことです。そこには「GHQ草案」よりも進歩的な草案もあり、「GHQ草案」に影響を与えました。

たとえば、日本共産党「新憲法の骨子」（1945年11月11日）は「主権は人民に在り」とし、「人民の生活権、労働権、教育される権利」等を定めていました。また、高野岩三郎「日本共和国憲法私案要綱」（同年12月10日）は「日本国ノ主権ハ日本国民ニ属スル」「日本国ノ元首ハ国民ノ選挙スル大統領トスル」とし「国民ハ労働ノ権利、生存ノ権利ヲ有ス」など基本的人権を保障していました。

日本共産党「新憲法の骨子」1945年11月11日

一、主権は人民に在り

二、民主議会は主権を管理す　民主議会は一八歳以上の選挙権被選挙権の基礎に立つ、民主議会

は政府を構成する人々を選挙する
三、政府は民主議会に責任を負ふ　議会の決定を遂行しないか又はその遂行が不十分であるかは或は曲げた場合その他不正の行為あるものに対しては即時止めさせる
四、人民は政治的、経済的、社会的に自由であり且つ議会及び政府を監視し批判する自由を確保する
五、人民の生活権、労働権、教育される権利を具体的設備を以て保証する
六、階級的並びに民族的差別の根本的廃止

◆植木枝盛「東洋大日本国々憲案」の影響を受けた憲法研究会「憲法草案要綱」

憲法研究会「憲法草案要綱」（１９４５年12月26日）は、すでに紹介した、自由民権運動期の「立志社」（憲法起草委員・植木枝盛）の「東洋大日本国々憲案（日本国国憲案）」（１８８１年）の影響を受けていました。

「東洋大日本国々憲案」は、立憲主義の思想に基づいており、「国家ノ権限」につき「日本国家ハ日本各人ノ自由権利ヲ殺減スル規則ヲ作リテ之ヲ行フヲ得ス」（第５条）「日本国家ハ日本国民各自ノ私事ニ干渉スルコトヲ施スヲ得ス」（第６条）と定め、日本人民の自由権のほか、平等（第42条）、抵抗権（第64条、第71条）、不服従権（第70条）、革命権（第72条）まで保障していました。

憲法研究会「憲法草案要綱」は、「日本国ノ統治権ハ日本国民ヨリ発ス」と国民主権の立場で、二院制の議会を構想し、「第一院ハ全国一区ノ大選挙区制ニヨリ満二十歳以上ノ男女平等直接秘密選挙（比例代表ノ主義）ニヨリテ満二十歳以上ノ者ヨリ公選セラレタル議員ヲ以テ組織サレ……」と具体的な選挙制度まで定め、「天皇ハ国政ヲ親ラセス」と象徴天皇制を構想していました。

また、軍隊や戦争についての規定を全く置いてはいませんでした。大日本帝国憲法が定めていたので、その定めを置かなかったことは、比較憲法的には極めて重大です。

さらに、「国民ハ法律ノ前ニ平等ニシテ出生又ハ身分ニ基ク一切ノ差別ハ之ヲ廃止ス」「男女ハ公的並私的ニ完全ニ平等ノ権利ヲ享有ス」「民族人種ニヨル差別ヲ禁ス」と徹底した平等の定めを置き、「国民ノ言論学術芸術宗教ノ自由ニ妨ケル如何ナル法令ヲモ発布スルヲ得ス」「国民ハ拷問ヲ加ヘラルルコトナシ」など自由権を保障していました。そのうえ、「国民ハ健康ニシテ文化的水準ノ生活ヲ営ム権利ヲ有ス」「国民ハ老年疾病其ノ他ノ事情ニヨリ労働不能ニ陥リタル場合生活ヲ保証サル権利ヲ有ス」「労働者其ノ他一切ノ勤労者ノ労働条件改善ノ為ノ結社並運動ノ自由ハ保障セラルヘシ」など社会権まで保障していました。これは、現代憲法の先駆けであるワイマール憲法の影響を受けた結果でした。

この「憲法草案要綱」は、「ＧＨＱ草案」に対し、日本共産党「新憲法の骨子」が与えた以上に多大な影響を与えたのです。

憲法研究会の「憲法草案要」の主な規定

憲法研究会（高野岩三郎、馬場恒吾、杉森孝次郎、森戸辰男、岩淵辰雄、室伏高信、鈴木安蔵）

憲法草案要綱（１９４５年12月26日）

根本原則（統治権）

一、日本国ノ統治権ハ日本国民ヨリ発ス

一、天皇ハ国政ヲ親ラセス　国政ノ一切ノ最高責任者ハ内閣トス

一、天皇ハ国民ノ委任ニヨリ専ラ国家的儀礼ヲ司ル

一、天皇ノ即位ハ議会ノ承認ヲ経ルモノトス

一、摂政ヲ置クハ議会ノ議決ニヨル

国民権利義務

一、国民ハ法律ノ前ニ平等ニシテ出生又ハ身分ニ基ク一切ノ差別ハ之ヲ廃止ス

一、爵位勲章其ノ他ノ栄典ハ総テ廃止ス

一、国民ノ言論学術芸術宗教ノ自由ニ妨ケル如何ナル法令ヲモ発布スルヲ得ス

一、国民ハ拷問ヲ加ヘラルルコトナシ

一、国民ハ国民請願国民発案及国民表決ノ権利ヲ有ス

一、国民ハ労働ノ義務ヲ有ス

一、国民ハ労働ニ従事シ其ノ労働ニ対シテ報酬ヲ受クルノ権利ヲ有ス
一、国民ハ健康ニシテ文化的水準ノ生活ヲ営ム権利ヲ有ス
一、国民ハ休息ノ権利ヲ有ス　国家ハ最高八時間労働ノ実施勤労者ニ対スル有給休暇制療養所社交教養機関ノ完備ヲナスヘシ
一、国民ハ老年疾病其ノ他ノ事情ニヨリ労働不能ニ陥リタル場合生活ヲ保証サル権利ヲ有ス
一、男女ハ公的並私的ニ完全ニ平等ノ権利ヲ享有ス
一、民族人種ニヨル差別ヲ禁ス
一、国民ハ民主主義並平和思想ニ基ク人格完成社会道徳確立諸民族トノ協同ニ努ムルノ義務ヲ有ス

議会

一、議会ハ二院ヨリ成ル
一、第一院ハ全国一区ノ大選挙区制ニヨリ満二十歳以上ノ男女平等直接秘密選挙（比例代表ノ主義）ニヨリテ満二十歳以上ノ者ヨリ公選セラレタル議員ヲ以テ組織サレ其ノ権限ハ第二院ニ優先ス
一、第二院ハ各種職業並其ノ中ノ階層ヨリ公選セラレタル満二十歳以上ノ議員ヲ以テ組織サル

経済

一、経済生活ハ国民各自ヲシテ人間ニ値スヘキ健全ナル生活ヲ為サシムルヲ目的トシ正義進歩平

等ノ原則ニ適合スルヲ要ス
各人ノ私有並経済上ノ自由ハ此ノ限界内ニ於テ保障サル
所有権ハ同時ニ公共ノ権利ニ役立ツヘキ義務ヲ要ス
一、土地ノ分配及利用ハ総テノ国民ニ健康ナル生活ヲ保障シ得ル如ク為サルヘシ
寄生的土地所有並封建的小作料ハ禁止ス
一、精神的労作著作者発明家芸術家ノ権利ハ保護セラルヘシ
一、労働者其ノ他一切ノ勤労者ノ労働条件改善ノ為ノ結社並運動ノ自由ハ保障セラルヘシ
之ヲ制限又ハ妨害スル法令契約及処置ハ総テ禁止ス

だからこそ、ＧＨＱは「ポツダム宣言」に合致しない「憲法問題調査委員会」（松本委員会）の「憲法改正要綱」（松本甲案）について、「最も保守的な民間草案よりも、さらにずっとおくれたものである」と評したのです。

◆天皇（制）を残したＧＨＱ民政局

マッカーサーらＧＨＱ民政局が日本の憲法改正作業を急いだ理由として、対日占領政策の最高決定機関である「極東委員会」の発足（１９４６年2月26日）が目前だったので、その前に、天皇（制）

法策定作業に口出しすることを回避したかったことがあります。

日本の憲法改正において重大な論点になるのが、天皇及び天皇制の存続の可否問題でした。「ポツダム宣言」は、「一切ノ戦争犯罪人」に対する「厳重ナル処罰」を求め、「日本国国民」の間における「民主主義的傾向ノ復活強化」に対する「一切ノ障礙」の「除去」を要求していたからです。

アメリカでは世論調査において「昭和天皇を戦犯として裁け」が71％もあり、上院は「天皇を戦争犯罪人として裁判にかけよ」という決議をしていました。ソ連は天皇に対し強硬措置を要求していましたし、オーストラリアやニュージーランドは天皇を戦争犯罪人に含む名簿をＧＨＱに提出していました（１９４６年1月18日）。

極東委員会は、「日本の憲政機構、あるいは管理制度の根本的変更」などの指令をする権限（１９４５年12月の米英ソ外相会議で定められた付帯事項）を有しており、以上の4カ国を含む11カ国（ほかは、イギリス、中華民国、オランダ、カナダ、フランス、フィリピン、インド）から構成されていたので、極東委員会が発足すると、天皇に対する戦争責任追及がなされる可能性があったのです。

しかし、ホイットニーＧＨＱ民政局長は、マッカーサーに対して、極東委員会が憲法改正の政策決定をする前ならば憲法改正に関するＧＨＱの権限に制約がないと進言しました。そこで、マッカーサーは、封建制度の廃止を目指しながらも、当時の日本国民の意識を踏まえ天皇（制）を残そうという矛盾した立場から（マッカーサーノートの第一原則と第三原則）、極東委員会の発足前に、日本の新憲法策定作業を進めて天皇（制）を残すことを既定路線化したかったので、憲法草案の起草を急いだのです。そのため、高野岩三郎らが1946年1月25日に提唱した「民主主義的憲法制定会議（憲法制定国民会議）」での新憲法制定も、実現しませんでした。

極東委員会は、7月2日に「日本の新憲法についての基本原則」を決定しましたが、これは、天皇制廃止を強く要求するものではなく、トーンダウンし、「天皇制を廃止するか、またはこれをより民主的な方向で改革する」という選択肢を日本国民に与えることを要求するにとどまっていました。

マッカーサーノートの第一原則

I

天皇は国家の主席にある。皇位の継承は世襲である。天皇の義務および権力は憲法に基づき行使され、憲法の定めるところにより人民の基本的意思に応える。

◆「戦争放棄」の最初の提案者

憲法第9条の「戦争放棄」を最初に提案したのは誰なのかという歴史の真実を探求することは、決して重要でないわけではありません。最有力候補は、第44代の幣原喜重郎首相（1945年10月9日～1946年5月22日在任）であるという立場と、マッカーサーであるという立場などがあります。

とはいえ、私は、「押しつけ憲法」論を検討する際には、提案内容が「ポツダム宣言」に合致するかどうか（少なくとも矛盾しないかどうか）が決定的に重要だと考えていますので、憲法第９条の「戦争放棄」の最初の提案者が誰なのかという論点は、あまり重要ではないと考えています（それゆえ、「戦争放棄」の最初の提案者が当時の幣原喜重郎首相ではなく、たとえマッカーサーであっても、「押しつけ憲法」論に対する私の結論は変わりません）。

第3節　国民の支持と審議過程における修正

◆日本国憲法の原型「憲法改正草案要綱」と国民の支持

「大正デモクラシー」の時期の１９２４年に市川房枝氏らが「婦人参政権獲得期成同盟」（１９２５年に「婦選獲得同盟」に改称）を結成し、「婦人（女性）参政権が平等で平和な社会を築く手がかり『鍵』である」という信念のもとに女性参政権運動を展開していましたが、実現しないまま日本は敗戦を迎えました。日本が「ポツダム宣言」を受諾すると、市川房江氏らは、「戦前から何かと女性関係の活動をしていた人々が、立場を超えて、連帯責任をとるべき」と唱え呼びかけ、「戦後対策婦人委員会」を結成し（１９４５年８月25日）、婦人参政権など5項目の要求を日本政府や帝国議会に提出しました（同年９月11日）。

衆議院議員選挙法が改正され女性の参政権が保障され、衆議院の選挙制度は、満20歳以上の男女平等の普通選挙となりました（１９４５年12月。なお、地方議会（１９４６年10月）、参議院（１９４７年２月）についても男女平等の普通選挙となり、これらの法律は１９５０年５月に公職選挙法に統合されました）。

日本政府が「憲法改正草案要綱（３月５日案）」（１９４６年３月６日）を発表したほぼ１カ月後に、戦後第１回の衆議院選挙（同年４月10日）が20歳以上の男女による普通選挙で施行され（それより以前は制限選挙、1925年からは男子のみの普通選挙)、日本政府は、「3月5日案」につき、ひらがな口語体での条文化を進め、4月17日、「憲法改正草案」を公表しました。

この発表が衆議院選挙後であったことに加え、「3月5日案」が衆議院選挙の明確な争点になったと言えるのか疑問ではありますが、4月10日の衆議院選挙は、形式的には新憲法案を審議する憲法制定議会づくりのための国政選挙になりました。

日本政府の「憲法改正草案」公表から1カ月余り後の同年5月27日付「毎日新聞」が世論調査で「象徴天皇制」に賛成が85%(反対・要修正13%)、「戦争放棄」に賛成が70%(同28%)、「国民の権利・自由・義務」に賛成が65%(同33%)という結果を公表し、国民の多くが受け入れていることが明らかになりました(調査結果の母数は2000人)。

「ポツダム宣言」の受諾の意味を十分理解しておらず、大日本帝国憲法で良いと思っていた当時の日本政府にとっては、マッカーサーやGHQによって新憲法が「押しつけられる」と思ったのかもしれませんが、国民の多くが「押しつけられ不当である」と感じていたとは到底言えないものでした。

それゆえ、特に「戦争放棄」に関し、吉田首相は、世論調査の発表1カ月後の同年6月26日、衆議院帝国憲法改正委員会において、「第9条第2項に於いて一切の軍備と国の交戦権を認めない結果、自衛権の発動としての戦争も、又交戦権も放棄したものであります。従来近年の戦争は多く自衛権の名において戦われたのであります。満州事変しかり、大東亜戦争またしかりであります。…」と説明しています。

◆審議過程における「帝国憲法改正案」の修正

日本政府の「憲法改正草案要綱」（3月5日案）は、ひらがな口語体で条文化され「憲法改正草案」となり4月17日に公表され、枢密院での検討を経て6月20日に帝国議会に提出されました。それが「帝国憲法改正案」です。これは、必ずしもすべて「ＧＨＱ草案」と同じだったわけではなく、かつ、帝国議会における審議過程において修正されたので、「ＧＨＱ草案」がそのまま日本国憲法になったわけではありません。

例えば、日本国憲法は、前文で「主権が国民に存する」と明記し、天皇の章（第1章）ではあるものの「主権の存する日本国民」と明記し、国民主権を採用していることは明らかです。しかし、「帝国憲法改正案」（１９４６年6月20日帝国議会提出）の同条項では国民主権が必ずしも明確ではありませんでした。これは、「ＧＨＱ草案」が「人民ノ意思ノ主権」「人民ノ主権」を明記していたことを鑑みると、当時の政府が天皇制の存続に固執し、国民主権を明記することに抵抗した結果の表れでした。しかし極東委員会の意向もあり、帝国議会での審議の中で修正されました。

また、日本国憲法は、「公務員の選挙については、成年者による普通選挙を保障する。」（第15条第3項）と定め、「すべて国民は、健康で文化的な最低限度の生活を営む権利を有する」と生存権を定めています（第25条）が、「ＧＨＱ草案」にも「帝国憲法改正案」にも、各条項は明記されていませんでした。憲法研究会「憲法草案要綱」は、前述したように「第一院」の「議員」につき「満二十歳以上ノ者」による「公選」を明記し、「健康ニシテ文化的水準ノ生活ヲ営ム権利」を定めてもおり、「憲法研究会」

のメンバーの一人で、衆議院選挙で挑戦した森戸辰男議員（社会党）が生存権を提案し日本国憲法に盛り込まれたのです。

加えて、日本国憲法は「教育を受ける権利」と義務教育の無償を保障しています（第26条第1項・第2項）が、これらについても日本側の努力が実っています。「ＧＨＱ草案」には「教育を受ける権利」も義務教育の「無償」の文言もありませんでした。しかし、「帝国憲法改正案」には「教育を受ける権利」を明記するとともに、「初等教育」の「義務」と「初等教育」の「無償」が明記され、さらに後者については、審議過程で、初等教育に限定しない「普通教育」の「義務」と「義務教育」の「無償」へと修正されました。これは全国の教師からの陳情の結果でしたし、日本共産党の「日本人民共和国憲法（草案）」（１９４６年６月29日）は、「すべての人民は教育をうけ技能を獲得する機会を保障される。初等および中等学校の教育は義務制とし、費用は全額国庫負担とする。」（第37条）としていました（なお、「上級学校での就学には一定条件の国庫負担制を実施する。」とも明記していました）。

さらに、国会につき、「ＧＨＱ草案」は「単一ノ院」（一院制）を採用していましたが、「帝国憲法改正案」も日本国憲法も二院制を採用しています。憲法研究会「憲法草案要綱」も、前述したように二院制でした（ただし「第二院ハ各種職業並其ノ中ノ階層ヨリ公選セラレタル満二十歳以上ノ議員ヲ以テ組織サル」と定め、職能・階層代表制でした）。

そのほか、「極東委員会」の意向もあり、内閣総理大臣を含め大臣は「文民」でなければならないとする条項も日本国憲法に加えられました（第66条第2項）。

結局、帝国議会の審議過程において「帝国憲法改正案」は修正が加えられ、10月7日、衆議院での可決をもって事実上成立します（ただし、10月29日枢密院で可決）。大日本帝国憲法の憲法改正手続き（第73条）を通じて日本国憲法が「制定」され、同年（1946年）11月3日に〝公布〟され、翌47年5月3日に〝施行〟されたのです。

第4節　論外の「ハーグ陸戦条約」違反論

◆「ハーグ陸戦条約」は適用されない

また「押しつけ憲法」論者の中からは、「占領中の憲法〝制定〟はハーグ陸戦条約違反であるから日本国憲法は無効だ」という趣旨の意見も出されています。自民党憲法改正推進本部が制作した漫画冊子『ほのぼの一家の憲法改正ってなぁに？』（2015年4月発行）も、「ハーグ条約には『占領者は占領地の現行法律を尊重すべし』とあるが……」と紹介し、「押しつけ憲法」論を主張しています。

しかし、法律学者で、「日本国憲法がハーグ陸戦条約違反で無効である」旨、主張する者は、ほとんど見られません。

その理由の第一は、ハーグ陸戦条約は停戦後には適用されないからです。この条約は、1899年にオランダのハーグで採択され、1907年に改定されたもので、「陸戰ノ法規慣例ニ關スル條約」です。該当する条文は以下です。

第43條「國ノ權力カ事實上占領者ノ手ニ移リタル上ハ占領者ハ絶對的ノ支障ナキ限占領地ノ現行法律ヲ尊重シテ成ルヘク公共ノ秩序及生活ヲ回復確保スル爲施シ得ヘキ一切ノ手段ヲ盡スヘシ」

この「ハーグ陸戦条約」は、その名称からもわかるように、戦時国際法です。ですから、この条約の適用があるのは戦争（交戦）中の場合ですし、同条約第43条の適用があるのは戦争（交戦）中の占領者です。それゆえ、交戦後（休戦中）の占領には適用がありません（結論A）。

日本国憲法が「制定」されたのは、日本が無条件降伏した後ですから、そもそも「陸戦ノ法規慣例ニ關スル條約」＝ハーグ陸戦条約の適用はないのです。ですから、そもそも適用されない条約を考慮して日本国憲法「制定」過程を論述する必要はありません。

仮に百歩譲って、ハーグ陸戦条約の適用が日本の無条件降伏後の占領にも適用があるとしても、ハーグ陸戦条約は一般法であり、ポツダム宣言・降伏文書という休戦協定は特別法であり、「特別法は一般法を破る」という原則がありますから、ポツダム宣言・降伏文書という休戦協定が優先的に適用されることになります（結論B）。

さらに、千歩譲って、仮にハーグ陸戦条約が同時に適用されるとしても、日本国憲法の「制定」は、ポツダム宣言に反しないですし、大日本帝国憲法の改正手続きに従って帝国議会で行われましたので、同条約第43条に違反しないという法的論理も、考えられるかもしれません。

学説の通説は上記結論A・Bの立場です。ですから、法律学者で、ハーグ陸戦条約を持ち出して日本国憲法が無効であると主張する見解はないのです。私も通説が妥当だと思います。

◆吉田首相も憲法改正を否定

極東委員会（第30回会議）は、１９４６年10月17日、オーストラリア、ニュージーランド各代表の提案に基づき、「憲法施行後1年を経て2年以内に新憲法を再検討する」政策を決定しました（「新憲法の再検討に関する規定」）。

そこで、マッカーサーは、この決定を受けて、翌47年1月３日付け吉田首相宛書簡で、〝日本国憲法施行後の初年度と第2年度の間（つまり１９４８年5月から１９４９年5月までの間）に日本国憲法を国会で再審査し、日本人民がその時点で憲法改正を必要と考えるならば、国民投票をしても良い〟旨伝えていたのです。

しかし、吉田首相は１９４９年4月、国会で「政府は憲法改正の意思は持っていない」と答弁し、日本国憲法の再検討をしなかったのです。国内でも、再検討の機運は盛り上がりませんでした。極東委員会も翌月、憲法改正の要求を断念しました。

◆本音は憲法の内容への不満

以上、日本国憲法「制定」過程を概観してきました（より詳細は、古関彰一『日本国憲法の誕生』岩波現代文庫・２００９年、川村俊夫『日本憲法はこうして生まれた』本の友社・２０１７年）が、「押しつけ憲法」論は、重要な歴史的事実を無視しており、理論の名に値しないのです。

「押しつけ憲法」論はその「制定」手続きを問題視しているようで、実は、本書第1章で確認した日本国憲法の世界史的・日本史的意義を否定したいのです。その本音は本書の第6章で確認できます。

第3章

9条改憲の目的

第1節　アメリカの戦争と9条改憲

◆2012年、明文改憲論のオンパレード

２０１２年4月、サンフランシスコ講和条約発効60周年を契機に、自民党をはじめ保守の改憲政党が憲法改正案等を公表しました。

自民党は、明文改憲を目指し、２０１２年4月27日に「日本国憲法改正草案」を公表しました。その直前には、たちあがれ日本「自主憲法大綱『案』」（同年同月25日）、みんなの党「憲法改正の基本的考え方」（同年4月27日）の公表もありました。国民新党もひと月遅れで自主憲法制定を明記した「綱領」（自主憲法制定）（同年5月30日）を発表しました。

大阪維新の会も8月末には、憲法改正の国民投票に求める「維新八策」最終案（同年8月31日）を公表し、後に「日本維新の会」が全国政党として結成されました。

同年12月16日施行の衆議院議員総選挙で自民党などの保守政党は、憲法9条改正を中心に憲法改正を公約しました。とはいえ、明文改憲が総選挙の重大な争点になったわけではありませんでした。この総選挙で自民党は、その前の２００９年総選挙よりも得票数を減らしたにもかかわらず、膨大な死票と民意歪曲による過剰代表を生み出す〝小選挙区効果〟で「圧勝」しました（そのカラクリについては、上脇博之『なぜ4割の得票で8割の議席なのか』日本機関紙出版センター・２０１３年、同

『安倍改憲と「政治改革」』同・同年を参照)。

第一次安倍政権で「戦後レジームからの脱却」を目指し、教育基本法を「改正」、防衛庁を「省」に昇格させ、「憲法改正」手続法を強行制定させた安倍晋三自民党総裁と山口那津男公明党代表は、総選挙9日後の同月25日、八つの「重点課題」を挙げ、これらに「全力で取り組むことを確認する」「連立政権合意文書」を交わし、その7番目の「重点課題」に「憲法」を挙げ、「憲法審査会の審議を促進し、憲法改正に向けた国民的な議論を深める」と明記し、当時、「日本維新の会」や「みんなの党」は安倍政権のすすめる改憲に協力することを公言していました。

◆「専守防衛」のためではない9条改憲

それにしても、大多数の国民は、それまでの「構造改革」で生じた格差・貧困で苦しめられ続けているのに、9条改憲を目指す保守の改憲政党は、国民の生活そっちのけで、憲法9条の「改正」を目指しているわけですが、それは何のためなのでしょうか？

国民の中には、〝外国から日本国が武力攻撃を受けることに備え、自衛隊や駐留米軍の存在、自衛隊法や日米安保条約を「合憲」にするために、9条改憲に賛成する〟という方々がおられるようです。これは、端的に言えば、〝「専守防衛」のための9条改憲〟です。

しかし、自民党をはじめ改憲政党が目指している9条改憲は、そのような〝「専守防衛」のための改憲〟ではありません。自衛隊そのものについては、従来、明文改憲できないので、自民党政権はそれを「合憲」とする「解釈改憲」を行ってきました。憲法９条が禁止する「戦力」は持てないが、自国が武力攻撃を受けた場合に行使される個別的自衛権はどのような国家も持っており、それを必要最小限の範囲内で行使する実力（自衛力）は「戦力」ではないから、自衛隊を「合憲」と「解釈」してきました。

　ですから、政府・与党も自衛隊法だけではなく、日米安保条約についても違憲とする立場ではありません。自民党政権だけではなく２００９年の民主党政権でも、この点は同じでした。自衛隊法等を違憲とする政府が誕生する可能性は現時点では高いとも言えません。ですから、自衛隊等を憲法上「合憲」と認めるだけであれば、多額の税金を費やして９条改憲をする必要はないのです。

　２０１２年衆議院総選挙で再び内閣総理大臣になった安倍晋三自民党総裁は、朝日新聞の報道によると、２０１３年2月15日、党本部で開かれた憲法改正推進本部（保利耕輔本部長）の会合で講演し、北朝鮮による拉致被害者の横田めぐみさんを引き合いに出して「こういう憲法でなければ、横田めぐみさんを守れたかもしれない」と改憲の必要性を訴えたというのです。

　しかし、拉致被害者は日本人だけではありません。軍隊を保有する外国の人々も拉致されています。ですから、９条改憲の理由としては全く見当違いです。

　本音は別のところにあるようです。時事通信の配信記事によると、その会合で安倍総裁は自衛隊について「自分を守る利己的な軍隊だとの印象がある」として、自民党が衆議院総選挙の公約で掲げた「国防軍」創設の必要性を訴えたというのです。つまり、９条改憲は外国が日本を武力攻撃することに備えるという「専守防衛」のためではないのです。

このことは、その後の安倍政権・与党の憲法を蹂躙する政治が証明しています。すなわち、本書第5章で詳しく紹介・解説するように、9条の明文改憲が容易に実現しないということで、安倍政権は、多くの主権者が反対する中で、憲法改正手続きに基づかず日本国憲法の更なる「解釈改憲」と、それを具体化した「立法改憲」を、それぞれ強行しましたが、これは、明文改憲の先取りであり、明文改憲の目的が「専守防衛」のためではないことを、多くの主権者国民に知らせることになりました。

◆米国の戦争に本格的に軍事的加担・支援するための9条改憲

日本国憲法第9条を明文改憲する第一目的は、〝日本国が集団的自衛権を行使できるようにすること〟です。これについては少し説明しましょう。

まず、「自衛権」といった場合、「個別的自衛権」と「集団的自衛権」の両方があると言われることがあります。例えば、国際連合憲章（国連憲章）は、両者を並立して条文に明記しています（第51条）。しかし、厳密にいえば、その説明は間違いです。「個別的自衛権」とは、ある国家が別の国家に武力攻撃を行った場合、武力攻撃を受けた国家が、武力攻撃をした国家に対し武力を行使して反撃する権利です。つまり、自国を衛る権利で、まさに自衛権です。

一方、個別的自衛権を行使した国家が同盟国に対し軍事的支援を求めた場合、その同盟国が武力を行使して反撃に参加する権利が「集団的自衛権」です。つまり、自国が他国に武力攻撃を受けていないのに、同盟国を衛るために反撃してあげる権利で、「自衛権」ではありません。「集団的自衛権の本質は『他衛』であって、自衛ではありません」（浅井基文『集団的自衛権と日本国憲法』集英社新書・2002年80頁）から、集団的自衛権は、他国を衛る権利、すなわち「他衛権」と表現した方が正確なのです。

アメリカなどの大国は、この「他衛権」を行使できると、他国の戦争に参戦できるので、国連憲章に明記することに賛成しました。そして、現に大国はこれに乗じて、小国の戦争に積極的に参戦してきました。例えば、アメリカのベトナム戦争への参戦、旧ソ連のアフガニスタン侵攻、NATO諸国のアフガニスタン攻撃などは、集団的自衛権の行使として大国が参戦してきた代表例です。

その後、大国は小国に「他衛権」を行使させ、自国の戦争への軍事的協力を他国に求めてきました。いま日本で論点になっているのは、このような「他衛権」の行使なのです。

いわゆる日米安保条約は、「日本国及びアメリカ合衆国は、……両国が国際連合憲章に定める個別的又は集団的自衛の固有の権利を有していることを確認し」、「各締約国は、日本国の施政の下にある領域における、いずれか一方に対する武力攻撃が、自国の平和及び安全を危うくするものであることを認め、自国の憲法上の規定及び手続に従って共通の危険に対処するように行動することを宣言」しています（日本国とアメリカ合衆国との間の相互協力及び安全保障条約前文・第5条第1項）。これが「他衛権＝集団的自衛権の行使」についての日米の条約上の合意です。

これによると、日本国が外国から「武力攻撃」を受け、同盟国であるアメリカに協力を求めれば、アメリカが「共通の危険に対処するように行動する」のです。これには、〝集団的自衛権を行使すること〟

も含まれます。また、アメリカが「日本国の施政の下にある領域」で「武力攻撃」を受け、日本国に協力を求めれば、日本は、〝集団的自衛権を行使すること〟もありうることになります（日本が個別的自衛権の行使をする場合を除き）。

日本国憲法第9条は一切の戦争だけではなく、武力の行使、武力による威嚇さえも放棄し、交戦権を認めていないのですから、集団的自衛権＝「他衛権」の行使が違憲であることは明白ですが、たとえ「専守防衛」のために自衛隊を「合憲」と「解釈」する「解釈改憲」の立場に立っても、個別的自衛権の行使で説明できない「他衛権」の行使は、その一部であっても、「専守防衛」の枠を超えることは明白ですから、合憲になるはずがないのです。

ですから、歴代の自民党政権も、「集団的自衛権の行使」は「憲法の認めている所ではないと考えている。」と答弁し（例えば、1980年10月14日、鈴木善幸首相の答弁）、それゆえ、集団的自衛権の行使を認めるためには「憲法改正という手段を当然とらざるを得ない」と答弁してきたのです（例えば、1983年2月22日、衆議院予算委員会・角田禮次郎内閣法制局長官答弁）。

要するに、従来、自民党政権は、他国を衛るための集団的自衛権＝「他衛権」につき、それを保有してはいるものの、その行使は「専守防衛」の枠を超えるので違憲と解釈し、その限りで自衛隊の活動には厳しい制限を課してきたのです（本書第5章で取り上げる「解釈改憲」を含め自民党政権の政府解釈については、浦田一郎『集団的自衛権限定容認とは何か』日本評論社・2016年を参照）。

ですから、9条改憲の目的は、日本国が〝集団的自衛権を行使すること〟が憲法上許されていないので、日本国が集団的自衛権＝「他衛権」を行使しても違憲にはならないようにするためなのです。

◆日米安保のグローバル化

また、その場合、日本が集団的自衛権を行使する領域を限定しないことも重要です。前述したように、日米安保条約では、「日本国の施政の下にある領域」、言い換えれば〝日本国の国家主権が及ぶ領域〟に限定されています。これは地理的限定です。また、日米安保条約は、そのほか、「日本国の安全に寄与し、並びに極東における国際の平和及び安全の維持に寄与するため、アメリカ合衆国は、その陸軍、空軍及び海軍が日本国において施設及び区域を使用することを許される」として地理的限定があります（第6条第1項）。このように日米安保条約は、集団的自衛権＝「他衛権」の行使がなされる条件となる領域を「日本国の施政の下にある領域」に地理的に限定し、同条約の適用範囲を「極東」に地理的に限定してきたのです。

ところが、日本政府とアメリカ政府は、この地理的限定を取っ払って軍事的に協力することで合意します。それが1996年4月17日の「日米安保共同宣言」であり、日米両政府は、これにより「アジア・太平洋地域」さらには「地球規模の問題についての日米の協力」を宣言し、翌97年9月23日の新ガイドライン（新日米防衛協力指針）で、日本周辺領域で放置すれば日本の平和や安全に重大な影響を及ぼす事態である「日本周辺事態」を「地理的概念ではない」と合意したのです（なお、旧ガイドライン・日米防衛協力指針は1978年）。

すなわち、日米両政府は、日米安保条約における従来の地理的限定を取り払って、地球規模で軍事的に協力することで合意したわけですが、これは、日本国がアメリカとの関係で集団的自衛権を行使する範囲を地球規模にまで拡大しようとしたということです。これを「合憲」にするために9条改憲が目論まれているのです（ただし、1999年制定の、いわゆる周辺事態法は、自衛隊が同法を根拠に、地球の裏側にまで派兵できるとは限らないように制定されたため、第5章で取り上げる安保関連法が制定されました）。

要するに、日米安保体制は、グローバル化したのです（詳細は、森英樹・渡辺治・水島朝穂編『グローバル安保体制が動きだす』日本評論社・1998年を参照）。

◆軍事的国際貢献も口実に

9条改憲の第二の目的は、アメリカの別の戦争、すなわち、アメリカが中心となった多国籍軍の戦争に日本が参戦することを「合憲」にすることです。

1990年にイラクがクェートに侵攻したことを機に、アメリカは国連の集団安全保障体制の下で、安全保障理事会の決議を利用して戦争を行ってきました。1989年にベルリンの壁が崩壊し（ソ連も1991年に崩壊）、従来の冷戦構造も崩壊したため、東欧諸国にも自由経済が入り込む余地が出てきました。安全保障理事会も米ソの対立から、アメリカ中心に変わりました。これにより、アメリカが安全保障理事会を主導して利用できるようになったのです。

日本で、自衛隊の「海外派遣」が行われたのも湾岸戦争後であり、掃海艇が皇軍を讃える軍艦マーチ演奏の中で「派遣」（派兵）されました。その後92年には、いわゆるＰＫＯ協力法（国際連合平和維持活動等に対する協力に関する法律）が制定され、また後述するようにいくつかの特別措置法が制定され、自衛隊は「海外派遣」（海外派兵）されてきました。

要するに、いわゆる国際貢献を口実にして、アメリカは日本に対し軍事的国際協力を要求し、日本政府は、建前としては、自衛隊の活動がアメリカ軍などで構成される多国籍軍（連合軍）の武力行使とは一体にならない（と言い訳した）活動を行ってきました。この活動は国際的には明らかな軍事活動なのですが、日本政府は、そのように説明してきませんでした。

従来、政府は、「（国連憲章上の）集団安全保障に関わる措置のうち憲法9条によって禁じられている武力の行使、または武力の威嚇にあたる行為については、我が国としてこれを行うことが許されない」（1994年6月13日、内閣法制局長官の答弁）という立場でしたから、9条改憲は、さらに日本が多国籍軍（連合軍）に参加して武力行使をしても「合憲」にするために主張されてもいるのです。安倍晋三首相は2013年3月9日の「ＢＳ朝日」の番組で、「（日本が）国際的な集団安全保障の中に参加できる道は残した方がいいのではないか」と述べました。

多国籍軍の戦争とは、国連安全保障理事会の決議に基づくものに限定されません。2003年のイラク戦争が象徴するように、当該決議のない戦争も含んでいるということです。この両戦争に自衛隊が参戦することを「合憲」にすることが、9条改憲の第二の目的なのです。

第2節　アメリカと日本財界の要求

◆9条改憲はアメリカの要求

このように地球規模で日本国が集団的自衛権を行使できるよう、あるいはまた、国際的な軍事制裁に日本国が参加して海外で武力行使するために、9条改憲を主張しているのは、アメリカです。

例えば、米国防大学国家戦略研究所（INSS）特別報告『合衆国と日本─成熟したパートナーシップに向けて』（2000年10月11日）は、日本に対し、以下のように要求していました。

「日本が集団的自衛権を禁止していることが、同盟関係の足かせになっている。集団的自衛権を行使できるようにすれば、より緊密で効率的な安全保障協力ができる。…米国政府は、日本が自らすんでもっと大きく貢献し、もっと対等な同盟相手になることを歓迎する、という意思を明確にしなければならない。」

この報告書は、元軍人で、ロナルド・レーガン政権（1981年～89年）の国防次官補代理、国防次官補を務めたリチャード・アーミテージ氏が中心となってまとめた報告書なので、「アーミテージレポート」と呼ばれました。

アーミテージ氏は、2004年に雑誌「文芸春秋」で以下のように発言しています。

「私は2000年に『アーミテージ・レポート』という21世紀の日本の安全保障のあり方を記した

報告書を発表しました。最近もそれに関する記事を書いており、そこで憲法9条が（日米同盟や国際社会の安定のために軍事力を用いる点で）邪魔になっている事実を挙げました。連合軍の共同作戦をとる段階で、ひっかからざるを得ないということです。それが偽らざる所懐です。」（リチャード・アーミテージ「緊急発言・憲法9条は日米同盟の邪魔物だ」『文藝春秋』２００４年3月号）。

このように、アメリカは、日本政府が集団的自衛権の行使を違憲としていること（つまり集団的自衛権行使の禁止）を「同盟国の足かせ」「同盟の障害」である、「憲法9条が邪魔になっている」と好き勝手なことを言い集団的自衛権行使の解禁を要求してきました。

アーミテージ氏は、２００1年発足のジョージ・W・ブッシュ政権下では、２００5年1月まで国務副長官を務めました。２００5年には自民党が「新憲法草案」を発表し、民主党憲法調査会が総会で「憲法提言」を公表しました。「第二次アーミテージレポート」となる「米日同盟　２０２０年に向けアジアを正しく方向付ける」（２００7年2月16日）は、日本に対し以下のように要求していました。

「憲法について現在日本でおこなわれている議論は、地域および地球規模の安全保障問題への日本の関心の増大を反映するものであり、心強い動きである。この議論は、われわれの統合された能力を制限する、同盟協力にたいする現存の制約を認識している。…、米国は、われわれの共有する安全保障利益が影響を受けるかもしれない分野でより大きな自由をもった同盟パートナーを歓迎するだろう。」

その後、２０1２年には、「第三次アーミテージレポート」が発表されます。

要するに、アメリカは、日本国の集団的自衛権行使に向けて日本政府の解釈の見直し、あるいは9条改憲を、何度も強く要求してきたのです。

第三次アーミテージレポート『米日同盟　アジアに安定を定着させる』（2012年夏）より抜粋

集団的自衛の禁止

……皮肉なことに、日本の利害の保護を必要とする最も深刻な条件の下で、我々の軍隊は日本の集団的防衛を法的に禁じられている。

日本の集団的自衛権禁止を変更することは、そうした皮肉を完全に解決するだろう。……。集団的自衛の禁止は同盟の障害である。3・11は、我々2つの軍が必要な時にいかに軍事力を最大限に活用できるかを証明した。平和時、緊張、危機、及び戦争時の防衛範囲を通して完全な協力で対応することを我々の軍に許可することは責任ある権限行動であろう。

平和維持活動

2012年は日本が国連の平和維持活動に参加して20年目の年である。南スーダンでは、自衛隊は権限を拡大している若き政権の助けとなる社会基盤の建設に取り組んでいる。……平和維持活動への日本の参加を通して、自衛隊は対テロ、核不拡散、人道援助、そして災害復興に関する国際的な連携と準備を発展させている。より十分な参加を可能にするために、日本は、必要であれば武力を行使してでも、市民と、同様に他の国際的な平和維持軍を守ることができるような法的権限を自国の平和維持活動軍に与えることを我々は奨励する。

日本に対する提言

……東京はイランの核開発などによってもたらされた、海賊行為に対する戦闘、ペルシャ湾の海運業の保護、シーレーンの確保や地域の平和の脅威への対処といった、多国籍の取り組みに積極的に参加すべきである。

……新しい役割と任務の見直しにおいては、日本は地域の有事における自国の防衛と米国との共同防衛を含めることで責任の範囲を拡大する必要がある。同盟国には、日本の領域をはるかに超えて拡張した、より堅牢で、共有され、相互運用の可能な情報・監視・偵察（ISR）の能力と運用が必要である。

平時から緊張、危機、戦争状態まで、安全保障上のあらゆる事態において、米軍と自衛隊が日本国内で全面協力できるための法制化を、日本側の権限において責任もって行うべき。

ホルムズ海峡を閉鎖するというイランの言葉巧みな意思表示に対して、すぐさま日本はその地域に掃海艇を一方的に派遣すべきである。日本は、航行の自由を保証するために、米国と協力して南シナ海の監視も増やすべきである。
東京は、二国間の、もしくは国家の保安機密と極秘情報を保護するために、防衛省（ＷＯＤ）の法的能力を強化すべきである。
ＰＫＯへのより充実した参加を可能にするためには、平和維持隊が必要に応じては武力で一般人や他の国際平和維持隊を保護することも含め、許容範囲を拡大することが必要である。

◆日本の財界も9条改憲を要求

日本国内では、戦争で金儲けをする軍需産業「死の商人」・多国籍企業・経営者を抱える経済界が９条改憲を要求してきました。

例えば、衆議院の選挙制度を中選挙区制から民意を歪曲し改憲政党を過剰代表させる小選挙区選挙中心のものに改悪した「政治改革」が強行されたのは１９９４年ですが、経済同友会はこれで改憲の可能性が生まれたと判断し、同年に提言を発表しています。

その提言では、「『必要最小限の自衛力の保持とその国際的平和維持・救援活動への貢献』を、国民と国際社会の理解を得るためにわかりやすい形で法制化すべきであるとの結論」を披露し、かかる法制化の手段として、憲法９条の明文改憲、現９条への修正９条の併記、そして「現憲法９条の規定を維持し、『安全保障基本法（仮称）』といった法律により定めようというもの」の三つの考え方を紹介していました（経済同友会『新しい平和国家をめざして』1994年7月）。

その後、1999年には、「新ガイドライン関連の法整備の早期実現」、集団的自衛権行使に関わる「政府の憲法解釈の早期見直し」、「我が国自体の有事や緊急事態に備えた法制も速やかに整備すること」を求めていました（経済同友会『緊急提言 早急に取り組むべき我が国の安全保障上の四つの課題』1999年3月9日）。

その後も、「集団的自衛権の行使に関する政府解釈を改め、適正な目的と範囲を踏まえて『自衛権』の行使についての枠組みを固めること」を要求してきました（経済同友会憲法問題調査会『憲法問題調査会意見書 自立した個人、自立した国たるために』2003年4月21日）。

日本経団連も、今世紀に入り、同様の要求を行ってきましたが、後述する憲法改正手続きを定めている憲法第96条の改正を要求してもきました（日本経済団体連合会「わが国の基本問題を考える――これからの日本を展望して」2005年1月18日）。

そのほか、松下政経塾政経研究所「日米次世代会議プロジェクト」報告書『日米同盟試練の時』（2009年11月）も、政府の国家戦略会議フロンティア分科会「〈フロンティア分科会報告書〉あらゆる力を発露し創造的結合で新たな価値を生み出す『共創の国』づくり」（2012年7月6日）も、同様に集団的自衛権行使を許容するために政府の解釈の見直しを提案しています。

経済界の要求

「安全保障環境の変化に伴い、自衛隊の任務も専守防衛に基づく活動に加え、国際協力業務、災害派遣、感染症対策など、多様化している。また、昨今の復興支援活動にみられる通り、経済大国として国力に応じた国際貢献が求められている。さらに、任務の多様化に加え、防衛装備などのネットワーク化、迅速で効率的な運用のために、陸海空の統合運用や多国間の共同運用、警察や消防といった他省庁との連携による対処も求められている。」（日本経済団体連合会「今後の防衛力整備のあり方について― 防衛生産・技術基盤の強化に向けて―」２００４年7月20日）

「当面、最も求められる改正は、現実との乖離が大きい第9条第2項（戦力の不保持）ならびに、今後の適切な改正のために必要な第96条（憲法改正要件）の2点と考える。まず、これらの改正に着手し、あわせて、……これ以外の憲法上の論点について、議論を展開していく必要があるのではないだろうか。」「集団的自衛権に関しては、わが国の国益や国際平和の安定のために行使できる旨を、憲法上明らかにすべきである。」（日本経済団体連合会「わが国の基本問題を考える――これからの日本を展望して」２００５年1月18日）

「当面の障害は、集団的自衛権の行使を違憲とする現行政府解釈にある。集団的自衛権の行使を違憲とする政府解釈を改めると同時に、自衛隊の海外活動に関する恒久法を整備しなければならない。現在制限されている国際安全保障における活動の多くは、解釈変更によって可能と私たちは考えるが、憲法改正により少なくとも第9条第2項を書き換えることが新しい自己定義に基づく日本の国際安全保障活動について国民的合意に基づく正統性を確立する上で望ましいであろう。」（松下政経塾政経研究所「日米次世代会議プロジェクト」報告書『日米同盟試練の時』２００９年11月）

「アジア太平洋地域の戦略環境の厳しさを考えれば、日本が自衛手段として一定の安全保障能力を保持することはきわめて重要である。そのうえで、米国の地域コミットメント、日本防衛コミットメントの維持・適合をはかりつつ、アメリカや価値観を共有する諸国との安全保障協力を大幅に拡大深化させ、ネットワーク化することを目指すべきである。安全保障協力を深化させるためにも、協力相手としての日本の価値を高めることも不可欠であり、集団的自衛権に関する解釈など旧来の制度慣行の見直し等を通じて、安全保障協力手段の拡充を図るべきである。」（政府の国家戦略会議フロンティア分科会「〈フロンティア分科会報告書〉あらゆる力を発露し創造的結合で新たな価値を生み出す『共創の国』づくり」２０１２年7月6日）

◆「専守防衛」のための9条改憲はありえない！

明文改憲において注意しなければならないのは、「集団的自衛権」という文言が改憲案に盛り込まれなくても、9条が改憲されてしまうと集団的自衛権行使が「合憲」にされてしまう、ということです。

読売新聞は、小選挙区選挙が導入された1994年に、11月3日付紙面で改憲試案を発表しています。同試案によると、「日本国は、自らの平和と独立を守り、その安全を保つため、自衛のための組織を持つことができる」との条項（第11条第1項）を盛り込んでいますが、集団的自衛権という文言は一言もありません。しかし、紙面において、「これにより、わが国が個別的、集団的両自衛権を保持していることが、より一層、明確になろう」と解説しています。これは、集団的自衛権行使が「合憲」になると明言していませんが、そう言いたいようです。

日本商工会議所も、「第9条第2項で自衛権を保持することを明記すべきと考える。その当然の帰結として、自衛のための『戦力の保持』を明記する。」「集団的自衛権に関しては、本来、それが自衛権の中に含まれるというのが国際法上の常識であり、自衛権を保持することを明記する以上、集団的自衛権を当然保有していると考えるべきである。」という報告書を作成しています(日本商工会議所『憲法問題に関する懇談会報告書――憲法改正についての意見』2005年6月16日）が、これも同様でしょう。

要するに、自衛隊（自衛軍、国防軍）を憲法に明記するだけで、あるいは自衛権を明記するだけで、集団的自衛権の行使も憲法上制約なしに許容されてしまうのです。ですから、「集団的自衛権の行使は禁止される」という文言が明記されない限り「専守防衛の9条改憲」はありえないのです。このことは、本書第6章で取り上げる自民党「日本国憲法改正草案」でも確認できます。

要するに、9条改憲は、単に自衛隊の存在を認める「専守防衛」のための改憲ではなく、また、主権者国民が求めたものではなく、アメリカや日本財界、改憲政党が、主権者国民の意向を無視して一方的に進めようとしている改憲なのです。

第3節　要求に応える改憲政党

◆アメリカと財界の要求に応えた違憲の法整備

前述したように、1996年「日米安保共同宣言」、1997年「新ガイドライン（新日米防衛協力指針）」により日米安保体制がグローバル化されましたが、9条の明文改憲ができないため、日本政府・与党は、周辺事態法など新ガイドライン関連法を制定し（1999年5月）、自衛隊による後方地域支援、後方地域捜索救助活動、船舶検査活動などを法律上可能にしました。

また、今世紀に入り、いわゆる「同時多発テロ」を受けたアメリカのアフガニスタンへの国際法違反の「報復戦争」を支援するためのテロ対策特別措置法も制定し（2001年10月）、自衛隊による協力支援活動、捜索救助活動、被災民救助活動などを法律上可能にしました。アラビア海への自衛隊派遣を2年間延長するテロ対策特別措置法「改正」も行いましたし（2003年10月10日）、アメリカの国際法違反の先制攻撃に基づく軍事占領を支援するための「イラク復興支援」特別措置法も制定し（2003年7月26日）、多国籍軍への自衛隊参加を法律上可能にしました。

2007年参議院通常選挙で与野党の勢力が逆転した結果として、いわゆるテロ対策特別措置法が同年11月1日に限切れを迎え、派遣されていた海上自衛隊はインド洋から撤退しましたが、政府は、同年10月、「テロ対策海上阻止活動に対する補給支援活動の実施に関する特別措置法案」（いわゆる補給支援法）を提出し、08年1月、与党が「3分の2」以上の議席を占めている衆議院で同法案を再可決、成立を強行し、再度、アフガニスタンに対するアメリカの戦争、軍事占領を後方支援するために、海上自衛隊をインド洋に「派遣」したのです。

以上が広義の有事立法であるとすれば、狭義の有事法制の整備もその間、行われてきました。第一弾として、政府与党は、有事関連3法（武力攻撃事態〈対処〉法、自衛隊法「改正」、安全保障会議設置法「改正」）を成立させましたし（2003年6月6日）、第二弾として有事関連7法（「国民保護法」、「外国軍用品等海上輸送規制法」、「米軍行動円滑化法」、「自衛隊法改正」、「交通・通信利用法」、「捕虜等取り扱い法」、「国際人道法違反処罰法」）を成立させました（2004年6月14日）。

以上は基本的にすべて憲法第9条に違反するものです（有事立法については、山内敏弘編『有事法制を検証する』法律文化社・2002年、渡辺治・小沢隆一・三輪隆『戦争する国へ 有事法制のシナリオ』旬報社・2002年、全国憲法研究会編『憲法と有事法制』法律時報増刊・日本評論社・2002年、水島朝穂編著『世界の「有事法制」を診る』法律文化社・2003年、憲法再生フォーラム編『有事法制批判』岩波新書・2003年を参照）。

◆アメリカと日本財界の要求に応えた改憲政党の対応

憲法改正を党是とする自民党は、2005年11月の結党50周年の党大会で、日本国憲法をベースに全面「改正」をまとめた「新憲法草案」を公式に発表しました。創憲論の民主党が党憲法調査会の総会で「憲法提言」を了承したのもその頃（同年10月末）でした（詳細は、全国憲法研究会編『憲法改正問題』法律時報増刊・日本評論社・2005年、同『続・憲法改正問題』同・2006年を参照）。

◆イラク平和訴訟における名古屋高裁の画期的な違憲・違法判決

一方、2008年には、以上の流れに憲法上・法律上歯止めをかける画期的な判決が名古屋高裁で出ます。名古屋高裁判決が航空自衛隊のイラク空輸活動を次のように違憲・違法と判断したのです。

「航空自衛隊の空輸活動は、……多国籍軍との密接な連携の下で、多国籍軍と武装勢力との間で戦闘行為がなされている地域と地理的に近接した場所において、対武装勢力の戦闘要員を含むと推認される多国籍軍の武装兵員を定期的かつ確実に輸送しているものであ」り、「現代戦において輸送等の補給活動もまた戦闘行為の重要な要素であるといえることを考慮すれば……、多国籍軍の戦闘行為にとって必要不可欠な軍事上の後方支援を行っているもの」といえるから、「少なくとも多国籍軍の武装兵員をバグダッドへ空輸するものについては、……他国による武力行使と一体化した行動であって、自らも武力の行使を行ったと評価を受けざるを得ない行動である」。「よって、現在イラクにおいて行われている航空自衛隊の空輸活動は、政府と同じ憲法解釈に立ち、イラク特措法を合憲とした場合であっても、武力行使を禁止したイラク特措法2条2項、活動地域を非戦闘地域に限定した同条3項に違反し、かつ、憲法9条1項に違反する活動を含んでいる」（自衛隊のイラク派兵差止等請求控訴事

件2008年4月17日名古屋高裁違憲判決)。

◆明文改憲へ

この判決は、最高裁判決ではありませんでしたが、改憲勢力にとっては重大な脅威でした(この名古屋高裁判決及び平和的生存権については、小林武『平和的生存権の弁証』日本評論社・2006年、川口創・大塚英志『「自衛隊のイラク派兵差止訴訟」判決文を読む』角川グループパブリッシング・2009年などを参照)。

それゆえ、自民党は明文改憲を目指し、かつ、2009年衆議院総選挙で敗北し、下野した影響を受けたため、2005年「新憲法草案」に不満足な国会議員が中心となり、2012年には「日本国憲法改正草案」をまとめ上げ、公表したのです(参照、奥平康弘・愛敬浩二・青井未帆編『憲法の何が問題か』岩波書店・2013年、民主主義科学者協会法律部会編『改憲を問う』法律時報増刊・日本評論社・2014年、渡辺治・福祉国家構想研究会編『日米安保と戦争法に代わる選択肢』大月書店・2016年、改憲をめぐる言説を読み解く研究者の会『それって本当?メディアで見聞きする改憲の論理Q&A』かもがわ出版・2016年)。

第 4 章

改憲手続き法

第1節　日本国憲法の定める憲法改正の要件

◆憲法改正とは何か

憲法改正とは、成文憲法の内容について自ら定める手続きに従って意識的に変更を加えることです。これは、既存の憲法を前提としている点で「新しい憲法の制定」とは異なります。また、合法的な憲法の変更である点で暴力革命やクーデターによる「非合法な憲法の変革」とも異なります。

憲法改正の方法としては、全文改正、一部改正、増補という方法があります。

◆硬性憲法

大日本帝国憲法は、主権者天皇のための憲法でしたから、その改正も天皇がその「協賛」機関である帝国議会に求めなければ、手続きが開始されないものでした。そのうえで、帝国議会における手続きは衆議院と貴族院で議員がそれぞれ「総員3分の2以上出席」して「出席議員3分の2以上の多数」で可決して憲法改正が成立することになっていました（第73条）。これは、法律の制定・改廃よりも要件が厳しいので硬性憲法と呼ばれます。

この改正手続きに基づいて「制定」された日本国憲法は、改正手続の要件が大日本帝国憲法よりも更に厳しい硬性憲法です。

まず、①衆議院と参議院が憲法改正案の原案を審議し、「各議院の総議員の3分の2以上の賛成」で「国会」が憲法改正案を「発議」します。すなわち、国会が憲法改正案を確定し、それを「国民に提案」するのです。

その次に②国民が提案された憲法改正案を「承認」すれば、憲法改正は成立します。この「承認」には「国民投票」において「その過半数の賛成」を必要とします（第96条）。つまり、主権者国民が「承認」しなければ憲法改正が成立せず、国会だけでは憲法改正ができないのです。

◆憲法改正の要件についての解説

衆議院と参議院の意見が異なる場合でも憲法は両院協議会を予定してはおらず、また、衆議院の議決等を参議院のそれより優先させる、いわゆる「衆議院の優越」もありません（この点は、皇室財産授受についての議決〈憲法第8条〉と同じです）。

憲法改正案の原案の提出権については、議員にしか提出権はないとする立場、議員のほか内閣にも提出権があるとする立場があるのですが、そもそも内閣には憲法改正の権限がないのですから、原案提出権は主権者国民の代表機関である国会の構成員である議員に限定する立場が妥当です。

前述の、国会の発議における各院の「総議員」とは、「欠員を含む法定の議員総数」と理解する立場、「欠員を含まない現在の議員総数」と理解する立場がありますが、「国の最高法規」（憲法98条1項）の改正手続は慎重であるべきですから、「欠員を含む法定の議員総数」と理解すべきです。

日本国憲法等における衆議院の優越

	衆議院の先議権	衆議院の3分の2再可決	衆議院の過半数議決が国会の議決	期間の要件	両院協議会の開催	法的根拠
法律案の議決	−	○	−	60日	任意	憲法第59条第1項・第2項・第4項
予算案の議決	○	−	○	30日	義務	憲法第60条
条約の承認	−	−	○	30日	義務	憲法第61条
内閣総理大臣の指名	−	−	○	10日	義務	憲法第67条第2項 国会法第86条
会期の延長	−	−	○	−	任意	国会法第13条

前述の、国民投票における「その過半数」とは、「棄権者を含む有権者総数の過半数」と理解する立場、「無効票を含む投票総数の過半数」と理解する立場、「無効票を除く有効投票総数の過半数」と理解する立場（多数説）がありますが、投票である以上棄権者を含む有権者総数と理解することは難しいとしても、憲法改正に積極的な賛成があって初めて「国の最高法規」である憲法の改正が成立すると考

えれば、「無効票を含む投票総数の過半数」と解すべきです。

国民投票の最低投票率については、憲法がそれを国民投票の成立要件として明記してはいませんが、国の最高法規の内容を決めるのですから、数少ない国民だけで決めるべきではありませんので、憲法がそれを要請していると理解すべきです。国会の発議も一部の国会議員だけでは発議できないのですから、国民投票も同様に理解すべきです。最低でも主権者国民（有権者）の半数（50％）を超える人々が投票しなければ、国民投票そのものが成立しないと解すべきでしょう。ただし、憲法改正の手続法に、50％を超える最低投票率を設けることは許されるでしょうが、あまりにも高過ぎる（例えば、90％）のは憲法改正を事実上不可能にしてしまうので許されないでしょう。

第2節　憲法改正手続き法に対する評価

◆憲法改正手続法と衆参憲法審査会の設置

明文の憲法改正のための手続法（国民投票法を含む）である「日本国憲法の改正手続に関する法律」（以下「憲法改正手続法」という）は、２００７年5月14日に成立し、同年5月18日に公布されました。同法は、一部の規定については、すぐに施行されましたが、そのほとんどの規定については、公布日から起算して3年を経過した２０１０年5月18日から全面施行されました。

◆18もの附帯決議にある欠陥法

この憲法改正手続法には附帯決議があります。それは、国民投票を憲法改正の場合に限定するのかどうか、国民投票をする成年の最低年齢を18歳にするのか20歳のままにしておくのか、公務員や教育者などの地位利用による国民投票運動において許される行為とは何で、許されない行為とは何か、罰則について構成要件をどう明確にするのか、国民投票が成立したと言えるために最低投票率を設けるのかどうかなど、付帯事項は18もあるのです。

このことが示唆しているように同法は論点を十分議論し納得できる結論を出したものではなく、それゆえ欠陥法なのです。

日本国憲法の改正手続に関する法律案に対する附帯決議（2007年5月11日）

参議院日本国憲法に関する調査特別委員会

一、国民投票の対象・範囲については、憲法審査会において、その意義及び必要性の有無等について十分な検討を加え、適切な措置を講じるように努めること。

一、成年年齢に関する公職選挙法、民法等の関連法令については、十分に国民の意見を反映させて検討を加えるとともに、本法施行までに必要な法制上の措置を完了するように努めること。

一、憲法改正原案の発議に当たり、内容に関する関連性の判断は、その判断基準を明らかにするとともに、外部有識者の意見も踏まえ、適切かつ慎重に行うこと。

一、国民投票の期日に関する議決について両院の議決の不一致が生じた場合の調整について必要な措置を講じること。

一、国会による発議の公示と中央選挙管理会による投票期日の告示は、同日の官報により実施できるよう努めること。

一、低投票率により憲法改正の正当性に疑義が生じないよう、憲法審査会において本法施行までに最低投票率制度の意義・是非について検討を加えること。

一、在外投票については、投票の機会が十分に保障されるよう、万全の措置を講じること。

一、国民投票広報協議会の運営に際しては、要旨の作成、賛成意見、反対意見の集約に当たり、外部有識者の知見等を活用し、客観性、正確性、中立性、公正性が確保されるように十分に留意すること。

一、国民投票公報は、発議後可能な限り早期に投票権者の元に確実に届くように配慮するとともに、国民の情報入手手段が多様化されている実態にかんがみ、公式サイトを設置するなど周知手段を工夫すること。

一、国民投票の結果告示においては、棄権の意思が明確に表示されるよう、白票の数も明示するものとすること。

一、公務員等及び教育者の地位利用による国民投票運動の規制については、意見表明の自由、学問の自由、教育の自由等を侵害することとならないよう特に慎重な運用を図るとともに、禁止される行為と許容される行為を明確化するなど、その基準と表現を検討すること。

一、罰則について、構成要件の明確化を図るなどの観点から検討を加え、必要な法制上の措置も含めて検討すること。

一、テレビ・ラジオの有料広告規制については、公平性を確保するためのメディア関係者の自主的な努力を尊重するとともに、本法施行までに必要な検討を加えること。

一、罰則の適用に当たっては、公職選挙運動の規制との峻別に留意するとともに、国民の憲法改正に関する意見表明・運動等が萎縮し制約されることのないよう慎重に運用すること。

一、憲法審査会においては、いわゆる凍結期間である三年間は、憲法調査会報告書で指摘された課題等について十分な調査を行うこと。
一、憲法審査会における審査手続及び運営については、憲法改正原案の重要性にかんがみ、定足数や議決要件等を明定するとともに、その審議に当たっては、少数会派にも十分配慮すること。
一、憲法改正の重要性にかんがみ、憲法審査会においては、国民への情報提供に努め、また、国民の意見を反映するよう、公聴会の実施、請願審査の充実等に努めること。
一、合同審査会の開催に当たっては、衆参各院の独立性、自主性にかんがみ、各院の意思を十分尊重すること。
右決議する。

◆成年年齢、憲法改正国民投票、選挙権の最低年齢

附帯決議事項のうち、成年年齢は従来の20歳のままですが、それと憲法改正の国民投票における最低年齢は、その後別個のもととして、2014年9月の法律改正により、施行4年後から18歳に引き下げられました。これにより、憲法改正の国民投票では2018年6月20日後は、満18歳以上の者が投票権を有することになります。

また、これにより、選挙権の最低年齢は、憲法改正の国民投票の最低年齢とも分離されましたが、選挙権の最低年齢も、満20歳から満18歳に引き下げる公職選挙法改正案が２０１５年6月17日に成立しました。その結果として、国政選挙としては２０１６年の参議院通常選挙から18歳選挙になりました。

◆国会の発議における規定の問題点

憲法改正手続法は、内閣には憲法改正原案の提出権を認めていません。前述したように日本国憲法は内閣に発議権を認めていないと解すべきですから、これは妥当です。

議員には、この提出権を認めていますが、一人だけでは提出できず、議員は、衆議院では議員１００名以上、参議院では議員50名以上の賛成を必要としています（国会法第68条の2）。修正の動議を提出する場合もこれと同じ賛成を必要としています（同第68条の4）。ここでいう「１００名」「50名」という数字に客観的で合理的な理由があるわけではありません。

そのほか、衆参の各憲法審査会にも提出権を認めています（同第１０２条の7）。

憲法改正案の原案は各憲法審査会で審査され、「国会の最後の可決」をもって国民に提案されます（同第68条の5第1項）が、この「可決」については、特に要件が定められていません。各院本会議での「総議員」については「法定議員数」とする先例があります。憲法は「法定議員の3分の2以上の賛成」であると理解する立場からすると、もし、この先例に従わず「現在の議員数」を母数にすることがあるようであれば、違憲になります。

衆議院と参議院の両院の意見が異なる場合には両院協議会、合同審査会の開催を認めています（国会法86条の2、１０２条の８）が、日本国憲法はそれを明記していませんし、各院の自立性を侵害することになるので違憲ではないでしょうか。

◆国会発議から国民投票までが短期間すぎる

さらに憲法改正手続法の問題としては、国会による発議から国民投票までの期間があまりにも短すぎることが指摘できます。「国民投票は、国会が憲法改正を発議した日から起算して60日以後１８０日以内において、国会の議決した期日に行う。」と定められています（日本国憲法の改正手続に関する法律2条）。つまり、最長でも１８０日（6カ月）、最短では60日（2カ月）しかないのです。

憲法の内容を変更する場合には、主権者国民全員がその変更の内容を正確に理解し、かつ主権者国民が改正の是非を議論・検討する必要がありますので、それには、十分な期間が必要です。しかし、最短2カ月、最長でも6カ月という期間では、国民投票までの期間としては短すぎます。日本国憲法の実質的な全面改正が行われる場合や日本国憲法の基本原理に関係する改正が行われる場合であれば、尚更のことです。

日本国憲法は、補則を除いても99条ありますが、その全面改正が行われれば、それと同じくらいの条文になるでしょう。現に自民党の「日本国憲法改正草案」（２０１２年）は日本国憲法の条項よりも多くなっています。単なる文言を形式的に改め、憲法の内容が実質的に変更されない場合であれば、短期間であっても問題がないでしょうが、一見形式的な変更であっても憲法の内容が実質的に変更される場合や、名実共に憲法の内容が変更されるような場合には、改正案の条項の一つひとつにつき、国民一人ひとりが十分理解し、じっくり議論し検討するとなれば、6カ月程度ではあまりにも短すぎます。国民が全面改正される内容を正確に理解せず、かつ十分な議論をしないまま国民投票をするようでは、禍根を残します。

◆国民投票における規定の重大な欠陥

前述した日本国憲法の定めや憲法改正手続き法によると、憲法改正についての「国会の発議」がなされた後に「国民投票」が行われるわけですが、この国民投票そのものが有効なものとして成立し、憲法改正も形式的に有効なものとして成立させるためには、前述したように最低投票率を充足することを要件にすべきです。国民の極少数だけで国の最高法規の変更が強行されてしまわないようにするためです。最低でも50％の最低投票率を設けるべきでしょう。しかし、現行の憲法改正手続法は最低投票率を制度化していません。これでは、判断に迷って投票しなかった国民が不満を抱くでしょう。

現行の憲法改正手続法によると、国民投票で「有効投票の総数の2分の1を超えた場合」には「国民の承認」があったものとされています（第126条）が、日本国憲法は「投票総数」を母数にしている（「投票総数の2分の1を超えた場合」）と理解する立場からすると、憲法改正手続き法はその要件を緩和していることになり、これも問題で違憲です。

◆憲法改正の限界を超えた場合の無効訴訟は提起できない⁉

前述したように、そもそも憲法改正は「全く新しい憲法の制定」とは異なります。既存の憲法の同一性（アイデンティティー）を維持していなければ、憲法改正とはいえません。アイデンティティーが変わってしまえば「新憲法の制定」になってしまうからです。したがって、本書第６章でも解説するように、憲法改正には内容の点で限界があると解する立場が妥当であり、その限界を超えたものは憲法違反（違憲）であり無効なのです。

憲法改正の限界を超えた「憲法改正」が行われた場合、それが違憲であり無効であると訴訟で争えないといけませんが、憲法改正手続法には、このような訴訟を認める明文の規定はありません。そうであれば、この点で同法は違憲ということになります。

国民投票に関し異議がある投票人は「告示の日から30日以内、東京高等裁判所に」訴訟を提起することができます（同１２７条）が、同裁判所が国民投票を「無効」と判決できるのは「国民投票の結果（憲法改正案に対する賛成の投票の数が…投票総数の2分の1を超えること又は超えないことをいう。…）に異動を及ぼすおそれがあるとき」に限定されている（同１２８条）ため、文言上、憲法改正の限界を超えた場合の訴訟提起を含んでいるとは読めそうにありません。裁判所（東京高裁）がそのような訴訟を認める解釈をすれば良いのですが、そう解釈するとは限りません。

また、国民投票については前述した限りではあるものの無効として裁判所で争うことを認めていますが、国会の発議については裁判所でその効力を争うことを明記していませんので、この点も違憲です。

◆現行の憲法改正手続法は廃止すべき！

以上、簡単に現行の憲法改正手続法の内容を検討してきましたが、同法は、部分的に憲法違反（違憲）であり、あるいはまた重大な欠陥が存在しています。したがって、少なくとも以上の点が改められないのであれば、現行の憲法改正手続法は廃止されるべきです。

また、どのような憲法改正原案が国会に上程され、国民投票に付されるか、不明確なのに、事前に憲法改正のための手続法を制定しておくことには疑問があります。前述したように実質的な全面改正や日本国憲法の基本原理の改正であれば、国会の発議から国民投票までの期間は相当長期間を確保しなければなりませんが、真に形式的な部分改正であれば、当該期間は短期間でもかまいません。それを事前に現行の憲法改正手続法のように「60日以後１８０日以内」と確定させてしまうのは、硬直した法律になってしまいます。したがって、現行の憲法改正手続法はやはり廃止すべきです。

第5章

安倍政権・与党の「解釈改憲・立法改憲」

第1節　安倍政権の更なる「解釈改憲」

◆対米従属の保守政党は「立法改憲」も公約

対米従属政党である保守の改憲政党は、アメリカなどの要求に応えるために、明文改憲を目指すのですが、明文改憲が容易でないこともわかっているので、公然と「立法改憲」も目指し始めます。自民党は、国防部会（今津寛・部会長）と安全保障調査会（石破茂・会長）で集団的自衛権の行使を可能にする「国家安全保障基本法」の概要をまとめ、２０１２年７月４日の総務会でこれを決定しました。

それによると、「国家安全保障基本法案」の骨子で「国連憲章に定められた集団的自衛権の行使を一部可能にする」とし、「武力攻撃事態法と対になるような『集団自衛事態法』（仮称）、及び自衛隊法における『集団自衛出動』（仮称）的任務規定、武器使用権限に関する規定が必要。当該下位法において、集団的自衛権行使については原則として事前の国会承認を必要とする旨を規定。」と明記していました。

そして、自民党は、このような立法改憲を含め改憲を２０１２年12月の衆議院総選挙でも公約していました。この点は他の改憲政党も同様でした。

◆国民の多くが憲法９条明文改憲反対

日本国憲法第9条の明文改憲については、第二次安倍政権になっても、国民の多くが反対してきました。例えば、9条改憲を主張し、世論を誘導してきた「読売新聞」の2014年2月下旬実施世論調査でさえも、「戦争を放棄すること」を定めた憲法第9条第1項について「憲法改正する必要がある」は17％にとどまり、「必要がない」は76％もあり、「戦力を持たないこと」などを定めた憲法第9条第2項についても「憲法改正する必要がある」は39％、「必要がない」が52％でした（読売新聞2014年3月15日15時）。

明文改憲では国会の発議の後、国民投票で承認を得なければなりませんが、この世論調査の結果では、たとえ国会が改憲を発議できたとしても、国民投票で承認を得られそうにありませんから、明文改憲はできません。そこで、「解釈改憲」が目指されました。

本書第3章で紹介したように、例えば、政府の国家戦略会議フロンティア分科会は、2012年に、「集団的自衛権に関する解釈など旧来の制度慣行の見直し等を通じて、安全保障協力手段の拡充を図るべきである。」などとする報告書をまとめていました（「〈フロンティア分科会報告書〉あらゆる力を発露し創造的結合で新たな価値を生み出す『共創の国』づくり」2012年7月6日）。

2014年5月15日、安倍晋三首相の私的諮問機関である「安全保障の法的基盤の再構築に関する懇談会」（安保法制懇）は、「限定的に集団的自衛権を行使することは許される」として、憲法解釈の変更を求める「提言」を安倍首相に提出し、同日、安倍首相は記者会見を開き、集団的自衛権行使容認の方向性を明言しました。

◆「集団的自衛権」行使容認の閣議決定

安倍自公連立政権は、そのひと月半後の7月1日に、主権者国民の多数が反対している中、以下のように閣議決定しました。

「我が国に対する武力攻撃が発生した場合のみならず、我が国と密接な関係にある他国に対する武力攻撃が発生し、これにより我が国の存立が脅かされ、国民の生命、自由及び幸福追求の権利が根底から覆される明白な危険がある場合において、これを排除し、我が国の存立を全うし、国民を守るために他に適当な手段がないときに、必要最小限度の実力を行使することは、従来の政府見解の基本的な論理に基づく自衛のための措置として、憲法上許容されると考えるべきであると判断するに至った。」

この閣議決定では、日本が外国から武力攻撃を受けていなくても「我が国と密接な関係にある他国に対する武力攻撃が発生」したら、他国の戦争に参戦することを認めています。これは、つまり、「他衛権」である「集団的自衛権」の行使について認めたものです。

ここでは、「我が国と密接な関係にある他国に対する武力攻撃が発生」により「我が国の存立が脅かされ、国民の生命、自由及び幸福追求の権利が根底から覆される明白な危険がある場合」、「これを排除し、我が国の存立を全うし、国民を守るために他に適当な手段がないときに、必要最小限度の実力を行使することは、従来の政府見解の基本的な論理に基づく自衛のための措置として、憲法上許容される」として、まるで個別的自衛権の行使に類するものであるかのような論理構成になっています。

しかし、個別的自衛権の行使も、集団的自衛権の行使も、戦争の放棄を明記した憲法第9条に違反するという点では、同じものですが、両者は、やはり区別されます。

後述する安保関連法において「存立危機事態」という概念をつくりだし、当該事態になれば、「武力行使」を認めていますが、従来、「武力攻撃が発生する明白な危険が切迫していると認められるに至った事態」（武力攻撃事態）と認定される場合であっても、武力行使は認められず「武力攻撃の発生に備える」にとどまっていました。ですから、武力攻撃が発生する明白な危険が切迫していると認められるに至っていない時点で、武力行使を認める集団的自衛権行使は、個別的自衛権行使とは、異質のものなのです。

「存立危機事態」と従来の他の「事態」との比較

事態	事態の内容	国の対処
存立危機事態	我が国と密接な関係にある他国に対する武力攻撃が発生し、これにより我が国の存立が脅かされ、国民の生命、自由及び幸福追求の権利が根底から覆される明白な危険がある事態	武力行使
武力攻撃	我が国に対する外部からの武力攻撃	武力行使

武力攻撃事態	武力攻撃が発生した事態又は武力攻撃が発生する明白な危険が切迫していると認められるに至った事態	武力攻撃の発生に備える。武力攻撃が発生した場合には、これを排除する。武力の行使。
個別的自衛権行使の3要件 1．急迫不正の侵害があること（急迫性、違法性）、2．他にこれを排除して、国を防衛する手段がないこと（必要性）、3．必要な限度にとどめること（相当性、均衡性）		

要するに、個別的自衛権の行使と集団的自衛権の行使とは、厳格に区別されるべきものです。その区別は、自民党政権も行ってきました。

◆集団的自衛権は「自然権」ではない

ところで、9条改憲を主張する論者の中には、集団的自衛権が「自然権」であるから、どのような国家も集団的自衛権を保持しており、かつ、保持している以上国家として当然行使もできると主張する者がいます（佐瀬昌盛『集団的自衛権』ＰＨＰ新書・２００１年22頁以下）。安倍首相も、同様の立場で、以下のように述べています。

「国連憲章51条には、『国連加盟国には個別的かつ集団的自衛権がある』ことが明記されている。集団的自衛権は、個別的自衛権と同じく、世界では国家がもつ自然の権利だと理解されているからだ。…日本も自然権としての集団的自衛権を有していると考えるのは当然であろう。権利を有していれば行使できると考える国際社会の通年のなかで、権利はあるが行使できない、とする論理が、はたしていつまで通用するのだろうか。」（安倍晋三『美しい国へ』文春新書・２００６年１３２頁）。

本書第６章で紹介する自民党「日本国憲法改正草案Ｑ＆Ａ」も「自然権」との説明のようです。しかし、これはとんでもない主張です。

そもそも自然権とは、〝人が生まれながらにして有する権利〟であり、個人が享有する権利です。国家はその「自然権」を保障する側です。したがって、国家が「自然権」を有するはずがありません（水島朝穂『ライブ講義　徹底分析！集団的自衛権』岩波書店・２０１５年61〜67頁）。

また、国連憲章（国際連合憲章）は、「個別的又は集団的自衛の固有の権利」と明記していますが、「集団的自衛権は、アメリカが『合法的』に軍事行動をとるための免罪符としてつくりだされたもの」であり、「国際政治のつごうによって」誕生した概念なのです（浅井基文『集団的自衛権と日本国憲法』集英社新書・２００２年１０９頁）。ですから、集団的自衛権は、国際連合憲章制定前にはなく、同憲章で初めて創設されたものなのです。

国連憲章が各国の個別的自衛権や集団的自衛権の行使を許容しているのは、「安全保障理事会が国際の平和及び安全の維持に必要な措置をとるまでの間」だけであり、安全保障理事会が当該「措置」をとれば、集団的自衛権だけではなく個別的自衛権の行使も禁止されるのです（第51条）。もし集団的自衛権が本当に国際社会で「自然権」であると理解されているのであれば、集団的自衛権の行使をこのように限定しないでしょう。本来「自然権」ではないから、その行使を限定し、例外扱いにしているというと解すべきです。

◆クーデターの第一歩

しかし、前述したように、安倍政権の閣議決定は、個別的自衛権とは異なる「集団的自衛権＝他衛権の行使」を「合憲」と「解釈」し、政府の従来の憲法解釈を変更したのです。これは「解釈改憲」の強行であり、一種のクーデターの始まりです。そしてこれを具体化するための法整備となる「立法改憲」も必要になりますので、このクーデターはまだ完了しているわけではないのですが、その第一歩となるものです。

私が安倍政権の前記「解釈改憲」をクーデターの第一歩と評している理由は、立憲主義の点と民主主義の点からです。

政府は、「我が国の存立が脅かされ、国民の生命、自由及び幸福追求の権利が根底から覆される明白な危険がある場合」に限定しているので、集団的自衛権＝「他衛権」の行使の容認は「限定的」と説明してきました。

しかし、その保証はどこにもありません。百歩譲って、たとえそうだとしても、集団的自衛権＝「他衛権」の行使を合憲とする「解釈」は、憲法9条からは生まれてくる余地はなく解釈の枠を超えます。

このことは、前述した自民党政権の従来の違憲という解釈、さらには、政府内の憲法解釈の専門家である歴代の内閣法制局長官が「解釈改憲」に異を唱えていたことからも明らかです。

加えて、〝憲法改正の限界〟論から考えると、もっと明らかになります。憲法改正は、既存の憲法を前提としていますから、その本質を変更できないという理論的な限界があります。ですから既存の憲法と全く異質の内容のものができてしまえば、それは「新憲法の制定」であって、憲法改正とは言えないからです。

憲法学会の通説では、自衛隊は違憲で、いっさいの戦力も自衛力も持てないわけですが、日本国憲法の平和主義の本質がこの点にあるという立場からすると、「専守防衛」のための再軍備さえも、憲法改正の限界を超えるので憲法改正手続きを経ても改正することは許されません。また、仮に「専守防衛」のための改憲は改正の限界内であるという立場に立ったとしても、集団的自衛権＝「他衛権」の行使は、日本が外国から武力攻撃を受けていないのに他国の戦争に参戦することになるのですから、それは自衛権ではなく「他衛権」の行使で、明らかに「専守防衛」の枠を超えます。このように憲法改正手続きを経ても許されず無効になるものが、政府の解釈で合憲になるはずがないのです。

もう一つの民主主義の点ですが、憲法改正の限界を超えても、圧倒的多数の民衆が今よりももっと高い次元の良い社会を目指す〝革命〟であれば正当化される可能性があります。しかし、安倍政権の閣議決定は明らかに歴史の歯車を後ろに戻す改悪であり、政権にとって都合の悪い憲法が邪魔だから、国民が賛成しなくても政府の解釈で変えてしまうというものです。

また、いま9条の明文改憲が困難であることはさまざまな世論調査からも明らかです。国会内の改憲政党間でも合意に至りません。安倍首相は憲法の改正手続きを定めた憲法96条を先に「改正」してから憲法9条を「改正」する、憲法第96条先行改憲をしようとしましたが、これも世論の強い反対で挫折しました。

世論が明文改憲を支持しないのですから、普通の民主主義国家なら断念するのが当たり前です。さらにその「解釈改憲」も、世論調査の結果をみれば、賛成は2割台、高くても3割台で、国民の支持は低いのです。この点でもクーデターの第一歩という評価をすべきでしょう。

安倍政権の閣議決定前の集団的自衛権行使の解釈変更についての世論調査結果

発表メディア	質問項目	賛成	反対
読売新聞（2014年3月15日）	集団的自衛権行使の解釈変更について	27	43
毎日新聞（2014年3月30日）	集団的自衛権行使の解釈変更について	30	64
朝日新聞（2014年4月6日）	集団的自衛権行使の解釈変更について	29	63
共同通信（2014年4月12日）	集団的自衛権行使の解釈変更について	38	52・1
NHK（2014年4月14日）	集団的自衛権行使の解釈変更について	21	30

◆2015年4月の新ガイドライン

2015年4月27日、日米両政府は、安倍政権の閣議決定（「解釈改憲」）を踏まえ、米ニューヨークで外務・防衛担当閣僚会合（2プラス2）を開き、「日米防衛協力のための指針」（ガイドライン）について、18年ぶりの改定に合意しました。この改定は文字通り安保法制の先取りというもので、①「アジア・太平洋地域及びこれを越えた地域」と文字通り、グローバルな規模で、②「平時から緊急事態までのいかなる状況においても」「切れ目のない」共同軍事行動を展開することを約束し、③そのため「日米両政府は、新たな、平時から利用可能な同盟調整メカニズムを設置し、運用面の調整を強化し、共同計画の策定を強化する」としていたのです。

より具体的には、日本の集団的自衛権行使を盛り込み（他衛権行使の違憲の解禁）、米軍への後方支援の地理的制限もなくし（「後方地域支援」から「後方支援」へ）、自衛隊の米軍への切れ目のない軍事協力をグローバル（地球規模）に拡大するもので、「平時からの協力措置」でも日本（自衛隊）は「後方支援」するというものでした。

その中核は次のような内容です。

「自衛隊は、日本と密接な関係にある他国に対する武力攻撃が発生し、これにより日本の存立が脅かされ、国民の生命、自由及び幸福追求の権利が根底から覆される明白な危険がある事態に対処し、日本の存立を全うし、日本国民を守るため、武力の行使を伴う適切な作戦を実施する。」

「作戦上おのおのの後方支援能力の補完が必要となる場合、自衛隊及び米軍はおのおのの能力及び利用可能性に基づき、柔軟かつ適時に後方支援を相互に行う。

日米両政府は支援を行うため、中央政府及び地方公共団体の機関が有する権限及び能力並びに民間が有する能力を適切に活用する。」

第2節　安倍政権・与党の「立法改憲」

◆安保関連法案＝戦争法案

クーデターをさらにもう一歩進めるために、自公与党は、２０１５年5月、マスコミが「平和安全法制」と呼んだ11の安保関連法案に合意（5月11日）し、安倍内閣は同法案を閣議決定し（5月14日）、国会に提出しました（翌15日）。

戦争法案である「平和安全法制」11法案は、武力攻撃事態法改正案など現行法の改正案10本を一括した「平和安全法制整備法案」と、自衛隊の海外派遣の恒久法「国際平和支援法案」で構成されていました。その中にはたとえば、１９９９年制定の「周辺事態法」のように「重要影響事態法」へと法律の名称を変更するようなものも含まれています。

また、国連平和維持活動（ＰＫＯ）協力法（１９９２年制定）改正では、ＰＫＯの「参加5原則」の一部を緩和し、ＰＫＯで実施できる業務は「駆け付け警護」などへ拡大されました。注意を要するのは、従来のＰＫＯは、派遣先の国で停戦が成立し、同国がＰＫＯの受け入れに同意し、ＰＫＯの活動が中立であるという原則のもとで行われていましたが、湾岸戦争後のイラク・クウェート監視団（１９９１年～２００３年）からそのような原則が変質した中でＰＫＯが行われているということです。それなのに日本がＰＫＯ協力法を改正して実施業務を拡大したことは、従来以上に危険な状態の

安保関連法案とこれまでの立法

	安保関連法案	これまでの立法
国際平和支援法案	国際平和共同対処事態に際して我が国が実施する諸外国の軍隊等に対する協力支援活動等に関する法律案	○○特別措置法
平和安全法制整備法案	自衛隊法の一部改正案	自衛隊法
	国際連合平和維持活動等に対する協力に関する法律の一部改正案	国際連合平和維持活動等に対する協力に関する法律（**ＰＫＯ協力法**）
	重要影響事態に際して我が国の平和及び安全を確保するための措置に関する法律案（**重要影響事態法案**）	周辺事態に際して我が国の平和及び安全を確保するための措置に関する法律（**周辺事態法**）
	重要影響事態等に際して実施する船舶検査活動に関する法律案	周辺事態に際して実施する船舶検査活動に関する法律
	武力攻撃事態等及び**存立危機事態**にお	武力攻撃事態等における我が国の平和と

ける我が国の平和と独立並びに国及び国民の安全の確保に関する法律案（**存立危機事態法案**）	独立並びに国及び国民の安全の確保に関する法律（**武力攻撃事態法**）
武力攻撃事態等及び**存立危機事態**におけるアメリカ合衆国等の軍隊の行動に伴い我が国が実施する措置に関する法律案	武力攻撃事態等におけるアメリカ合衆国の軍隊の行動に伴い我が国が実施する措置に関する法律（**米軍行動円滑化法**）
武力攻撃事態等における特定公共施設等の利用に関する法律の一部改正案	武力攻撃事態等における特定公共施設等の利用に関する法律
武力攻撃事態及び**存立危機事態**における外国軍用品等の海上輸送の規制に関する法律案	武力攻撃事態における外国軍用品等の海上輸送の規制に関する法律（**外国軍用品等海上輸送規制法**）
武力攻撃事態及び**存立危機事態**における捕虜等の取扱いに関する法律案	武力攻撃事態における捕虜等の取扱いに関する法律（**捕虜等取り扱い法**）
国家安全保障会議設置法の一部改正案	国家安全保障会議設置法

中で自衛隊は活動を行うことになることを意味しているのです。

◆改定ガイドラインの具体化

安保関連法案＝戦争法案がアメリカの要求であり、改定されたガイドラインの国内法整備であることをまざまざと示したのが、２０１５年8月11日の参議院特別委員会で、日本共産党の小池晃議員が暴露した自衛隊統合幕僚監部の内部文書「日米防衛協力指針（ガイドライン）および安全保障関連法案を受けた今後の方向性」と題した資料でした。

この文書を作成した統合幕僚監部は自衛隊を統合運用する組織です。この文書によると、今後はこの統幕が主管となって「日米共同計画」という軍事作戦計画を「計画策定」するものとされています。このような軍事作戦の策定・運用にあたる組織が、合憲性に深刻な疑義がもたれている法案について、その成立を何らの留保なしに予定して検討課題を示すことは、憲法政治上重大な問題です。また、そこでは法案にない事柄は国会に諮ることなく実施されることが当然とされており、まさにガイドラインが日本の防衛当局にとっての最上位規範であることを露骨に示すものです。

ガイドラインは、政府がアメリカと結んだ政策文書であって、国会の審議や合意を経たものではありません。この文書には本来国内法上の根拠を必要とするはずの自衛隊の運用課題も、ガイドラインのみを前提に示されています。これらは重大な国会軽視であり、暴走です。

この文書は、ガイドラインにも記されていないＡＣＭ（同盟調整メカニズム）内の「軍軍間の調整所」設置、法案に特定されていない地域をあげて南スーダンＰＫＯへの「駆け付け警護」等の業務の追加、南シナ海における警戒監視などへの関与といった検討課題を記しています。「駆付け警護」における武器使用基準の緩和、平時からのアセット防護、そして在外邦人の救出など、武力行使に直結する内容のものが検討課題として列記されていることも見逃すことができない点です。

しかも、自衛隊制服組トップの河野克俊統合幕僚長が２０１４年12月17日、18日に訪米した際の米軍幹部・オディエルノ米陸軍参謀総長との会談内容を記したとされる資料を、これもまた日本共産党の仁比聡平議員が暴露しました。河野統合幕僚長が安保法整備につき「与党の勝利により、来年夏までには終了すると考えている」と発言していたのです。

こうした暴走は、なにも自衛隊幹部にとどまりません。安倍首相もアメリカに要請され、４月の訪米の際に、戦争法案の成立を約束しています。その約束を実行して自衛隊をアメリカの戦争に投入するために、戦争に反対する主権者国民の意思と声を無視し踏みにじり、戦争法案を成立させたのです。こうして安倍政権は、まるでアメリカの傀儡政権かと思うほど対米従属をより深めることとなりました。

アメリカ国務省のトナー副報道官は、日本の安保関連法の成立を受け、「アメリカ政府は、東アジアや世界の安全確保における日本政府の役割の拡大を歓迎する」と語っています。

◆戦争法案に対する世論のかつてない反対

前述した安保関連法案は、2014年の安倍政権の「解釈改憲」に基づいており、日本国憲法の平和主義を否定していますから、主権者国民の多くが反対していました。それなのに、与党が強行採決したことは、やはり「政権による法的なクーデターの二歩目以外のなにものでもない」と言わざるを得ません。

衆議院特別委員会で2015年7月15日、安倍首相は安保関連法案について「国民の理解が得られていないのは事実だ」と認めました。しかし、自公与党は、その直後、同法案の採決を強行したのです。

審議が参議院に移っても、審議の中断は111回も繰り返され、なぜ集団的自衛権の行使が必要なのか、法案の根幹部分についてさえ、政府はまともな答弁ができなくなり、審議を進めれば進めるほど矛盾が露わになり、最後はボロボロの状態に追い込まれました。後述するように安倍政権さえ本心では法案が違憲だと思っているからこそ答弁も矛盾だらけで、野党や国民を納得させる説明ができなかったのです。

採決直後の世論調査を見ても、朝日新聞の調査では安保関連法に「賛成」は30%、「反対」は51%で、反対が半数を占めました。国会での議論が「尽くされていない」は75%、安倍政権が国民の理解を得ようとする努力を「十分にしてこなかった」は74%にのぼりました。読売新聞の調査でも、安保関連法の成立を「評価しない」は58%、「評価する」は31%で、安保関連法の内容について、政府・与党の説明が不十分だと思う人は82%に達しました。日経新聞でも、安保関連法の今国会成立を「評価しない」は54％で、「評価する」は31％にとどまり、集団的自衛権の行使に「賛成」は28％で、「反対」は53％でした。

　毎日新聞の調査では、成立を「評価しない」が57％で、「評価する」の33％を上回り、参院平和安全法制特別委員会で与党が強行採決したことに関しては「問題だ」が65％を占めました。安保関連法が「憲法違反だと思う」は60％となり成立前の7月調査（52％）より増加しました。審議が進むにつれて違憲論はむしろ強まったのです。

２０１５年６月の安保関連法案についての世論調査結果…60％近くが反対

発表メディア	質問項目	賛成	反対
読売新聞（２０１５年６月８日）	安全保障関連法案の今国会での成立について	30	59
朝日新聞（２０１５年６月22日）	安全保障関連法案への賛否について	29	53
産経新聞（２０１５年６月29日）	安全保障関連法案の今国会での成立について	31・7	58・9
ＮＨＫ（２０１５年６月８日）	安全保障関連法案の今国会での成立について	18	37
日本テレビ（２０１５年６月14日）	安全保障関連法案の今国会での成立について	19・4	63・7
共同通信（２０１５年６月21日）	安保法案に	27・8	58・7

安保関連法案強行採決に批判的で戦争法案成立に「反対6割前後」の世論

発表メディア	質問項目	賛成	反対
毎日新聞（2015年7月19日）	安保法案に	27	62
	今国会成立について	25	63
朝日新聞（2015年7月19日）	安保関連法案の今国会成立について	20	69
	安保法案採決強行について	17	69
	解釈改憲での集団的自衛権法整備に	10	74
日本経済新聞（2015年7月26日）	安全保障関連法案の成立について	26	49・7
産経新聞（2015年7月20日）	安全保障法案の今国会成立について	29	63・4
読売新聞（2015年7月26日）	安保法案今国会成立について	26	64
時事通信（2015年7月17日）	安保法案は合憲だという意見に	19・8	53・8
共同通信（2015年7月18日）	安保法案今国会成立について	24・6	68・2

国民の運動もかつてなく広がりました。連日の数万人単位の国会前の抗議行動とともに、全国各地

で、若者をはじめ初めて集会等に参加する市民も大勢現れ、空前の規模と回数の抗議行動が展開されました。

ところが安倍政権は、この主権者の声を踏みにじって安保関連法案の採決を強行したのです。

◆強行採決の議事録の改ざん

アメリカなどの戦争に自衛隊参戦を目論んでいる与党議員らは、そもそも憲法違反であり、国民が支持していないことがわかっていたからこそ国会で審議することを恐れ、地方公聴会での各意見の詳細を確認することもなく採決を強行したのでしょう。

２０１５年9月17日の参議院特別委員会は、委員長不信任動議が否決されて鴻池祥肇委員長が委員長席に着席し、民主党の福山哲郎理事が話しかけたところ、自民党議員らが委員長の周囲を取り囲んだため野党議員も駆け付け、混乱状態になり委員長による質疑終局と採決の宣告は全く聞こえず、自民党理事の合図で与党議員らが起立を繰り返し、野党議員も国民も何を採決しているのかまったく分からない状況でした。翌18日に正式な議事録の前に未定稿が各議員に示されました。そこでは、鴻池委員長の発言は「……（発言する者多く、議場騒然、聴取不能）」となっていました。

ところが、議事録でさえも何が採決されたのか確認できないものを、当時、「可決」したとして本会議で報告されました。しかし、各院には自立権があるとはいえ議事録で確認できなければ無効です。私たちは与党が異常な議会運営で強行したということを忘れてはなりません。

そのうえ、歴史の改ざんがその後強行されました。安全保障関連法を採決した9月17日の参議院特別委員会の議事録が、10月11日に参議院のホームページで公開されました。その議事録は「聴取不能」までは未定稿と同じ内容でしたが、「委員長復席の後の議事経過は、次のとおりである」との説明を追加し、審議再開を意味する「速記を開始」して安保法制を議題とし、「質疑を終局した後、いずれも可決すべきものと決定した。なお、(安保法制について) 付帯決議を行った」とも明記されています。

参議院事務局は、追加部分を「委員長が認定した」と説明しているようですが、これは、議事録の改ざんであり、歴史の改ざんでもあります。恐ろしいことです。

改めて書きます。採決は客観的に確認できなかったのですから、採決は存在せず無効です。

第3節　集団的自衛権（＝他衛権）行使の法制に対する評価

◆法律家たちはこぞって〝違憲〟

安全保障関連法案＝戦争法案の審議をふりかえると、２０１５年6月4日の衆議院憲法審査会での憲法学者３名の参考人の〝違憲〟発言が大きな転機となりました。民主党が推薦した小林節慶応大学名誉教授、維新の党が推薦した笹田栄司早稲田大学政治経済学術院教授のみならず、自民党が推薦した長谷部恭男早稲田大学法学学術院教授も、「集団的自衛権の行使が許されることは、従来の政府見解の基本的論理の枠内では説明がつかず、法的安定性を大きく揺るがすもので憲法違反だ。自衛隊の海外での活動は、外国軍隊の武力行使と一体化するおそれも極めて強い」と発言しました。

私を含む全国の憲法研究者は、その前日の6月3日、全国の憲法研究者有志の声明として、「安保関連法案に反対し、そのすみやかな廃案を求める憲法研究者の声明」を発表しました。声明には6月29日15時現在で、呼びかけ人38名の他、１９７名が賛同人（計２３５名）となっています。

6月15日放送のテレビ朝日「報道ステーション」では、「憲法判例百選」の執筆者１９８名へのアンケートの結果を発表しました。アンケートに回答した１５１名のうち、「憲法違反の疑いはない」は3名でした。同じく朝日新聞が7月11日で発表した「憲法判例百選」の執筆者２０９名へのアンケートでは、回答した１２２名のうち、「憲法違反にはあたらない」は2名にすぎませんでした。

7月9日に発表された中日新聞・東京新聞の全国の憲法研究者等328名へのアンケートでは、回答した204人のうち「合憲」は7名（3％）でした。

NHKが行った全国の憲法研究者・行政法研究者等へのアンケートは、7月23日放送「クローズアップ現代」で、ごく短時間の断片的な公表に限られてしまいましたが（憲法学者はそのことに抗議し、全体の公表を求めました）、日本公法学会の会員や元会員で大学などに所属する憲法や行政法などの研究者1146名に対して調査し、回答した422名のうち377名が法案は違憲もしくは違憲の疑いがあると回答しています（89・3％）。

このように憲法学者の圧倒的多数は、この法案を、違憲あるいは違憲の疑いを抱いていることが確認されました。

法曹界でも、5月29日に日弁連が総会で「安全保障法制等の法案に反対し、平和と人権及び立憲主義を守るための宣言」を全会一致で決議し、「日本国憲法前文及び第九条が規定する恒久平和主義に反し、戦争をしない平和国家としての日本の国の在り方を根本から変えるものであり、立法により事実上の改憲を行おうとするものであるから、立憲主義にも反している」としています。

裁判官のあいだでも、元最高裁長官の山口繁氏は、「集団的自衛権の行使を認める立法は憲法違反と言わざるを得ない」と発言するとともに、政府・与党が1959年の砂川事件最高裁判決や1972年の政府見解を根拠と説明していることに「論理的な矛盾があり、ナンセンスだ」と批判しました。元最高裁判所判事の濱田邦夫氏は、参院特別委の中央公聴会で、「違憲です。本来は黙っていようと思ったんだけれども、どうにもこれでは日本の社会全体がダメになってしまうということで、立ち上がっているわけです」と発言しています。9月15日には、元裁判官75人が『違憲』意見書を参院議長に提出するなど、「司法界からの政治的発言は日本の歴史ではまれ」「『立憲主義……に忠実であろうとする、やむにやまれぬ発言……』」「約20人の地裁所長経験者……『日本の裁判の中核となった人たちの意思表明』」と報じられました。

元内閣法制局長官の発言も続きました。宮崎礼壹法政大法科大学院教授は「政府は『自国を守るための集団的自衛権は合憲』としているが、攻撃を受けていないのに自国防衛と称して武力行使するのは違法な先制攻撃だ」「速やかに撤回すべきだ」と発言しました。阪田雅裕氏も「限定的な集団的自衛権行使が、これまでの憲法解釈と全く整合しないものではない」が、「進んで戦争に参加することで相手に日本攻撃の大義名分を与え、国民を危険にさらす結果しかもたらさない。根拠が示せないなら解釈変更は許されない」と批判しました。

こうした法律の専門家からの多くの批判は、今回の戦争法案の違憲性を明瞭に示しているのです。

◆憲法学から安保関連法案の違憲性

憲法学では、先の侵略戦争の深い反省のうえ、第9条で戦争放棄、戦力不保持、交戦権の否定を、前文で平和的生存権の保障を、それぞれ謳った平和憲法のもとでは、自衛隊法も日米安保条約も違憲であるという立場が多数説なのです。

憲法の解釈には解釈者の価値判断が入り込む余地があります。しかし、〝理論的な枠〟があるから憲法の解釈は、その〝枠〟内でしかできません。これは政治の暴走に歯止めをかける立憲主義からの当然の要請です。憲法第9条が戦争等を放棄し交戦権を否認している以上、日本国憲法は戦争を許容した他国の憲法とは本質的に異なります。日本国が他国から武力攻撃を受けてもいないのに、他衛権（集団的自衛権）の行使を憲法が許容していると「解釈」することは、この平和憲法のもとでは無理なのです。解釈としての〝理論的な枠〟を超えるもので、解釈とは言えませんし、解釈としての〝理論的な枠〟を超えるものを「政府の裁量」として認めることはできないのです。

安倍政権・自民党は、砂川事件最高裁判決を根拠にあげました。しかし、砂川事件では、日米安保条約とそれに基づく駐留米軍の合憲性が争点になったので、最高裁判決は、日本国の集団的自衛権とその行使について憲法判断してはいないのです。それどころか、同判決は、憲法9条2項が「いわゆる自衛のための戦力の保持をも禁じたものであるか否かは別として」として、自衛隊が合憲であるかどうかの憲法判断さえ行っていないのですから、同判決を根拠に集団的自衛権行使が「合憲」であると「解釈」することなど、できるはずがないのです。

◆自民党も集団的自衛権行使を違憲と思っている

もともと安倍政権・自民党は、憲法第9条のもとでは集団的自衛権行使がたとえ限定的であっても許されないことをわかっていました。だからこそ、2012年に「日本国憲法改正草案」を策定したのです。「日本国憲法改正草案Ｑ＆Ａ」（同年10月発行）も、「現在、政府は、集団的自衛権について『保持していても行使できない』という解釈をとっていますが、『行使できない』とすることの根拠は『９条１項・２項の全体』の解釈によるものとされています。」と解説していたのです（Ｑ８答）。集団的自衛権行使が限定的に許されるのであれば、この解説でその旨説明されていたはずですが、そのような説明はなされていません。

安倍首相は、憲法９条の明文改憲が一気に実現できる状況にないので、憲法改正手続きの改正（憲法96条改憲）を先行させてから憲法９条改憲を目指しましたが、それには憲法９条改憲論者からも批判を受けたので、「解釈改憲」に舵を切り、２０１３年８月８日の閣議で、内閣法制局の山本庸幸長官を退任させ、後任に小松一郎駐仏大使を充てる人事を決定しました。

小松氏は、第一次安倍内閣の懇談会に外務省国際法局長として議論に関わり、集団的自衛権講行使容認を主張した「集団的自衛権の憲法解釈見直し派」の人物でした。歴代長官は主に法務、財務、総務、経済産業（名称は現在）の四省出身者が就任し必ずしも法律の専門家ではないものの、憲法解釈を担当する第一部長から次長、長官という階段を昇ってきましたが、安倍首相はこの従来の慣行を無視して、内閣法制局長官を憲法解釈の素人に交代させたのです。

２０１５年６月５日の衆議院平和安全法制特別委員会で、中谷元・防衛大臣は、与党協議において「憲法をいかに法案に適合させていけばいいのかという議論を踏まえて閣議決定した」と国会で答弁しましたが、この答弁は、憲法の解釈に違反しないよう安保関連法案を作成したのではなく、すでに作成した安保関連法案に適合するように憲法を「解釈」したことを正直に告白したものです。また、礒崎陽輔首相補佐官は、7月26日の講演で、集団的自衛権行使における政府の「合憲」解釈につき、「法的安定性は関係ない」と、これまた正直に発言しました。

さらに、自民党の武藤貴也衆議院議員は、国会前などで安全保障関連法案反対のデモ活動を行う学生団体「SEALDs（シールズ）」について7月30日のツイッターで、「SEALDsという学生集団が自由と民主主義のために行動すると言って、国会前でマイクを持ち演説をしてるが、彼ら彼女らの主張は『だって戦争に行きたくないじゃん』という自分中心、極端な利己的考えに基づく。利己的個人主義がここまで蔓延したのは戦後教育のせいだろうと思うが、非常に残念だ。」（@takaya_mutou Jul 30）と発言しました。これについて武藤議員が所属していた自民党麻生派の麻生太郎会長・副総理は、「自分の気持ちが言いたいなら安保関連法案が通ってからにしてくれ」と馬鹿正直な「注意」をしましたが、麻生副総理は、２０１３年７月19日、都内で開かれた会合で「ナチス政権下のドイツでは、憲法は、ある日気づいたら、ワイマール憲法が変わってナチス憲法に変わっていたんですよ。誰も気づかないで変わった。あの手口、学んだらどうかね」と発言しています。つまり、安倍内閣も、自民党など与党も、「安保関連法案が戦争法案であり、違憲だ」と認識していたのです。

◆政府の説明の変遷（実は立法事実なし）

安倍政権は、第一に、避難する日本人を輸送する米国の艦船が武力攻撃を受けた場合には、集団的自衛権（他衛権）を行使することが可能になる「存立危機事態」に該当すると説明していました。例えば、２０１４年7月、安倍晋三首相は、子どもを抱く母親のパネルを示して「日本人の命を守るため、米国の船を守る。それをできるようにするのが今回の（集団的自衛権行使を容認する）閣議決定だ」と強調していました。つまり海外で紛争が発生し、避難する日本人を米国の艦船が輸送している場合、この艦船が攻撃を受ければ自衛隊が反撃できるようにするため、集団的自衛権の行使が必要だ、と説明していたのです。

しかし、専門家の間では、アメリカの艦船が日本人を救出して輸送する可能性は極めて低いと指摘されていました。そして、２０１５年8月26日の参議院平和安全法制特別委員会の一般質疑において民主党の大野元裕議員が質問に立ち、朝鮮半島有事の場合に存立危機事態と認定して集団的自衛権を行使できる条件として「（米艦で輸送されるとされてきた）邦人の有無は関係ないのではないか」と質問したところ、中谷元・防衛大臣は、「邦人が乗っているか乗っていないか、これは絶対的なものではない。総合的に判断するということで、邦人が輸送されていることは判断の要素の一つではあるが、絶対的なものではない」などと答弁し、日本人が乗っていない米艦船も集団的自衛権行使の対象となり得るとの見解を示しました（民主党広報委員会「【参院安保特】集団的自衛権行使条件『邦人乗船は絶対ではない』大野議員が追及」２０１５年8月26日）。

また、第二に、安倍政権は、ホルムズ海峡が封鎖され、日本で生活物資の不足や電力不足が生じる場合には集団的自衛権（他衛権）を行使することが可能になる「存立危機事態」に該当すると説明していました。例えば、安倍総理大臣は2015年5月18日の参議院本会議でも「密接な他国に対する武力攻撃が発生し、生活物資の不足や電力不足によるライフラインの途絶が起こるなど、国民生活に死活的な影響が生じるような場合は、わが国が武力攻撃を受けた場合と同様な状況に至る可能性はありえる」と答弁していました。

しかし、専門家の間では、イランがホルムズ海峡を封鎖するようなことは現実には起こりえないと指摘されていました。そしてついに、安倍首相は、同年7月27日の参議院本会議で「そもそも特定の国（による封鎖）がホルムズ海峡に機雷を敷設することを想定しているわけではない」と述べ、それ以降「ホルムズ海峡」という地名を挙げなくなりました。

実は、イランがホルムズ海峡を封鎖した場合の日本の軍事協力については、第3章で紹介した2012年の第3次アーミテージレポートに登場しますので、そもそも日本の存立が脅かされることとは無関係なのです。

なお、第一次安倍内閣で2007年4月に設置された有識者会議「安全保障の法的基盤の再構築に関する懇談会」（座長・柳井俊二元駐米大使）の報告書（2008年6月24日、福田内閣時に提出）は、集団的自衛権の行使を認める2類型の事例の一つとして「米国に向かうかもしれない弾道ミサイルの迎撃」を明記していましたが、政府の答弁書では、「技術的に極めて困難」と断定（「憲法解釈は慎重に=米国向けミサイルの迎撃困難─政府答弁書」時事通信2003年8月13日16時6分）し、集団的自衛権を行使する前提であるアメリカの個別的自衛権行使とアメリカの日本への要請を待っていたのでは日本の迎撃は時間的にも不可能であることは自明でした。

要するに、安倍政権は、集団的自衛権（他衛権）行使を解禁すべき事実があると強弁したにもかかわらず、その事実が非現実的であることを指摘され、それを間接的に認める答弁をしたのです。つまり、立法により集団的自衛権（他衛権）行使を解禁すべき事実は存在しないことを認めたのですから、安保関連法を強行成立させる必要性もなかったのです。

こうして安保法制の必要性がないことが判明したのですが、前述したように戦争法案成立がアメリカの要求に応えたものですから、安倍政権・与党は「結論先にありき」で、審議を軽視し、立法事実のない法案の採決を平気で強行したのです。

法律案は原則として衆議院と参議院で過半数の賛成により可決して法律になる（憲法第59条第1項）わけですが、合憲性が極めて疑わしい重大な法律案につき、条文は同じままでも、その中の重大な条文解釈において提案者が一方の院ともう一方の院とで全く異なる説明をした場合「両院で可決した」と評し得るのかという疑問さえ生じます。

◆集団的自衛権（他衛権）行使は条約により義務になる

アメリカが日米安保条約の明記する集団的自衛権（他衛権）の行使を日本に要求すれば、その行使は「権利」から「義務」に転化されることになります（山形英郎「国際法から見た集団的自衛権行使容認の問題点」別冊法学セミナー『集団的自衛権容認を批判する』日本評論社・２０１４年53頁）。

また、同条約の枠を超える場合においても、対米従属してきた自民党政権では、政治的には義務になることでしょう。日本はこれまで、アメリカの戦争を批判し、反対したことはなく、むしろアメリカの戦争を支援してきましたし、この度の安倍政権の閣議決定と安保関連法の整備は、アメリカの要求に基づくものだからです。

野党が安保関連法案を「戦争法案」と命名していることを安倍政権・自民党は批判し否定し続けましたが、それは、集団的自衛権行使がアメリカなどの条約締結国との間で義務（条約に基づかない部分は政治的義務）になることを隠したうえで、安保関連法案の成立が戦争抑止になると強弁しているからだけではありません。この根底には、本書第6章で解説するように「戦争をしていても戦争していない」と強弁する意図があるからです。

◆驚くべき安倍首相の国際法無視の「集団的自衛権」行使論

ところで、集団的自衛権は「他衛権」ですが、その前段階として個別的自衛権行使の条件を超える条件を充足しなければ、他衛権の行使は認められません。

個別的自衛権の行使がなされ、それを行使した国家が同盟国に要請して初めて集団的自衛権行使が許されます。他国から武力攻撃を受けた国の個別的自衛権行使やその国の同盟国への要請がなければ、「他衛権」であっても、その行使が許容されないのです。

ところが、安倍首相は、２０１５年7月10日の衆議院平和安全法制特別委員会で、朝鮮半島など日本周辺有事の際に、集団的自衛権が行使できる状況について「邦人輸送中やミサイル警戒中の米艦が攻撃される明白な危機がある段階で認定が可能」と答弁したのです（「集団的自衛権：「明白な危機」で行使可能　米艦への攻撃　首相が答弁」毎日新聞２０１５年7月11日東京朝刊）。

この説明で行くと、アメリカが日本に集団的自衛権行使を要請する前、それも、アメリカが個別的自衛権を行使する前に、日本は「他衛権」である集団的自衛権を行使できるということになります。国際法も無視して、安倍政権は、「他衛権」を行使する条件が充足していないにもかかわらず、率先して武力の行使をするというのです。先制他衛です。恐ろしいことです。

◆国家・地方公務員も指定公共機関の労働者も動員

いわゆる有事立法（武力攻撃事態法）によって、自衛戦争の際には、自衛官だけではなく、国家公務員、地方公務員、「指定公共機関」の労働者も動員される仕組みができあがっていました。「指定公共機関」とは、「独立行政法人、日本銀行、日本赤十字社、日本放送協会その他の公共的機関及び電気、ガス、輸送、通信その他の公益的事業を営む法人で、政令で定めるもの」です。

安倍政権・与党によって強行成立された安保関連法＝戦争法（存立危機事態法）によって、自衛戦争だけではなく、他衛戦のために動員されるのは、自衛官だけではありません。他衛戦争も自衛官だけでは行えないからです。自衛官以外の国家公務員も動員されます。そのほか、地方公務員、指定公共機関の従業員も、条文（第4条第2項）の読み方次第では、それぞれの仕事で動員される恐れがあるのです。

「指定公共機関」の労働者が動員されるのは、法律による場合だけとは限りません。国と各「指定公共機関」との間の契約による場合もあります。

武力攻撃事態法（武力攻撃事態等における我が国の平和と独立並びに国及び国民の安全の確保に関する法律）の改正（存立危機事態法）

2015年改正

（定義）第2条　この法律において、次の各号に掲げる用語の意義は、それぞれ当該各号に定めるところによる。

……

六　指定公共機関　独立行政法人（独立行政法人通則法…第2条第1項に規定する独立行政法人をいう。）、日本銀行、日本赤十字社、日本放送協会その他の公共的機関及び電気、ガス、輸送、通信その他の公益的事業を営む法人で、政令で定めるものをいう。

（武力攻撃事態等及び存立危機事態への対処に関する基本理念）第3条　武力攻撃事態等及び存立危機事態への対処においては、国、地方公共団体及び指定公共機関が、国民の協力を得つつ、相互に連携協力し、万全の措置が講じられなければならない。

（国の責務）第4条　国は、我が国の平和と独立を守り、国及び国民の安全を保つため、武力攻撃事態等及び存立危機事態において、我が国を防衛し、国土並びに国民の生命、身体及び財産を保護する固有の使命を有することから、前条の基本理念にのっとり、組織及び機能の全てを挙げて、武力攻撃事態等に対処するとともに、国全体として万全の措置が講じられるようにする責務を有する。
2　国は、前項の責務を果たすため、武力攻撃事態等及び存立危機事態への円滑かつ効果的な対処が可能となるよう、関係機関が行うこれらの事態への対処についての訓練その他の関係機関相互の緊密な連携協力の確保に資する施策を実施するものとする。
（地方公共団体の責務）第5条　地方公共団体は、当該地方公共団体の地域並びに当該地方公共団体の住民の生命、身体及び財産を保護する使命を有することにかんがみ、国及び他の地方公共団体その他の機関と相互に協力し、武力攻撃事態等への対処に関し、必要な措置を実施する責務を有する。

（指定公共機関の責務）第6条　指定公共機関は、国及び地方公共団体その他の機関と相互に協力し、武力攻撃事態等への対処に関し、その業務について、必要な措置を実施する責務を有する。

第4節　自衛隊の「個別的自衛権行使」

安倍自公連立政権が、自衛権行使ではない「他衛権」（集団的自衛権）行使を許容した結果、そのために個別的自衛権の拡大行使の恐れが出ています。安倍政権は、「個別的自衛権」の行使においても、「専守防衛」の枠を超えようと画策しているからです。

その第一が「敵基地攻撃能力」の保持です。これは、日本が外国から武力攻撃を受けた後に、その外国の軍事基地を攻撃する能力ではなく、日本が外国から武力攻撃を受ける前に、その外国の軍事基地を攻撃する能力を保持するというものです。

◆「敵基地攻撃能力」の保持

防衛省（防衛力の在り方検討のための委員会「防衛力の在り方検討に関する中間報告」2013年7月26日）は、「防衛力の在り方」における「自衛隊の体制整備に当たって重視すべき方向性」における「各種事態への実効的な対応」の一つとして、「北朝鮮による弾道ミサイルの能力向上を踏まえ、我が国の弾道ミサイル対処態勢の総合的な向上による抑止・対処能力の強化について改めて検討し、弾道ミサイル攻撃への総合的な対処能力を充実させる必要がある。」と強調しました。

これについて防衛省幹部は「敵のミサイル発射基地をたたくことも含まれる」と検討対象に挙げ、「敵基地攻撃能力」の保有を検討することを示しました（「防衛大綱：敵基地攻撃能力を検討　見直し

中間報告」毎日新聞２０１３年7月26日12時10分)。

また、その1カ月余り前に策定された、自民党「新『防衛計画の大綱』策定に係る提言（『防衛を取り戻す』）」（２０１３年6月4日）は、「わが国を取り巻く安全保障環境」のうちの「わが国周辺の情勢」につき「わが国周辺においても、重大な不安定要因が継続している。北朝鮮は、権力継承後においても、引き続き弾道ミサイルや核兵器の開発に全力を挙げ、軍事・外交上の様々な挑発行為を継続するなど、地域における最大の不安定要因となっている。」との認識を示した上で、「具体的な提言」には「日米安全保障体制」における「日米の適切な役割分担の下での策源地攻撃能力の保有」も明記され、「とりわけ『ミサイルの脅威』に対する抑止力を強化する観点から、わが国独自の打撃力（策源地攻撃能力）の保持について検討を開始し、速やかに結論を得る。」と提言していました。

ここでいう「策源地攻撃能力」とは「敵基地攻撃能力」のことです（「自民、防衛大綱へ提言決定　敵基地攻撃能力の保持検討を」日経新聞２０１３年5月30日10時24分）。

この「敵基地攻撃能力」の保持は、日米安保体制の枠内のものだけではなく、それをも超えた構想であり、前述の「具体的な提言」には「国民の生命・財産、領土・領海・領空を断固として守り抜く態勢の強化」も明記され「核・弾道ミサイル攻撃への対応能力の強化」をあげ「同盟国による『拡大抑止』の信頼性を一層強固にする観点から、従前から法理上は可能とされてきた自衛隊による『策源地攻撃能力』の保持について、周辺国の核兵器・弾道ミサイル等の開発・配備状況も踏まえつつ、検討を開始し、速やかに結論を得る。」と書かれています。

今年（2017年）1月26日、安倍首相は、ミサイル攻撃を受ける前に敵国の基地などを攻撃する「敵基地攻撃能力」について検討する考えを示しました。これに対し稲田朋美防衛大臣は、「敵基地攻撃を目的とした装備体系は保有をしておらず現時点でそういった計画はありません。しかしながら、今、我が国を取り巻く安全保障環境というのは厳しさを増しているわけであって、その状況に合わせて万全の態勢を取っていくことは当然のことであろうというふうに思っております」と述べました（「稲田防衛相、敵基地攻撃能力『状況に合わせ態勢を』」ＴＢＳ２０１７年1月27日13時19分）。

◆自衛隊の「海兵隊的機能」

第二は自衛隊に「海兵隊的機能」をもたせることです。

自民党「新『防衛計画の大綱』策定に係る提言（『防衛を取り戻す』）」は、「国民の生命・財産、領土・領海・領空を断固として守り抜く態勢の強化」の一つとして「島嶼《とうしょ》防衛の強化」をあげ、「島嶼防衛に不可欠な海空優勢を確保するため、対空・対艦・対潜能力を強化する。さらに、島嶼防衛を念頭に、緊急事態における初動対処、事態の推移に応じた迅速な増援、海洋からの強襲着上陸による島嶼奪回等を可能とするため、自衛隊に『海兵隊的機能』を付与する。」と提言していました。

また、防衛省「防衛力の在り方検討に関する中間報告」も前述の「各種事態への実効的な対応」の一つとして「島嶼部に対する攻撃への対応」を挙げ、「事態への迅速な対応に資する機動展開能力や水陸両用機能（海兵隊的機能）の着実な整備のため、部隊・装備の配備、総合輸送の充実・強化や民間輸送力の活用、補給拠点の整備、水陸両用部隊の充実・強化等について検討する。」と書いていました。

アメリカの海兵隊は、自衛のためというよりも〝殴り込み部隊〟としての性格を有しています。したがって、自衛隊がアメリカの海兵隊的機能を有するということは、日本の自衛隊が「専守防衛」の枠を超えて、外国に殴り込みをかける部隊になることを意味しているのです。

◆すすむ「戦争する国」づくり

そこで、確認したいことは、第二次安倍政権以降、安保関連法＝戦争法の強行採決にとどまらず、「戦争する国」づくりが飛躍的にすすんでいることです。国家安全保障会議の設置、国家安全保障戦略の策定、特定情報保護法（＝「特定情報隠蔽法」）の制定もなされ、事実上の軍事費である防衛費も拡大しています。

防衛省設置法改正も強行されました。これは、いわゆる「文官統制」といわれた背広組の官房長や局長が「防衛大臣を補佐する」という規定が削除され、統合幕僚長、陸海空各幕僚長が官房長や局長と対等に防衛大臣を補佐することとされました。

また、この改正と合わせて自衛隊の運用についても背広組が担ってきた「運用企画局」を廃止して、制服組主体の組織である「統合幕僚監部」に部隊運用業務を統合することとなりました。戦争法が、現場の判断での武器使用＝武力行使を広範に認めていることと合わせ、制服組の暴走が危惧されます。

さらに、防衛整備庁が新たに設置されました。防衛装備庁は、防衛生産・技術基盤の維持・強化のために武器の調達を合理化するため武器の開発・生産・購入といった権限を一元化して、兵器産業の育成・強化をも進めるものです。「防衛装備移転三原則」に基づく武器輸出を積極的に推進する役割も担っています。

第５節　兵站などにおける「武器の使用」に対する評価

◆兵站は「後方地域支援」から「後方支援」へ

安保関連法が違憲の戦争法であるということは、集団的自衛権行使の法整備の点だけではありません。安倍政権は、従来の「後方地域（非戦闘地域）支援」を「後方支援」に変更し、安保関連法案ではそれを法的に具体化していました。

従来の「後方地域支援」も「後方支援」も、いわゆる兵站ですので、国際的には、軍事行動であり、憲法９条が禁止している「武力の行使」です。しかし、自民党政権は、「武力の行使との一体化」しなければ、違憲ではないと非常識な弁明を繰り返したうえで、「後方地域支援」から「後方支援」へと転換しました。この点についてまとめている２０１４年閣議決定を紹介しておきましょう。

「政府としては、いわゆる『武力の行使との一体化』論それ自体は前提とした上で、その議論の積み重ねを踏まえつつ、これまでの自衛隊の活動の実経験、国際連合の集団安全保障措置の実態等を勘案して、従来の『後方地域』あるいはいわゆる『非戦闘地域』といった自衛隊が活動する範囲をおよそ一体化の問題が生じない地域に一律に区切る枠組みではなく、他国が『現に戦闘行為を行っている現場』ではない場所で実施する補給、輸送などの我が国の支援活動については、当該他国の『武力の行使と一体化』するものではないという認識を基本とした以下の考え方に立って、我が国の安全の確保や国際社会の平和と安定のために活動する他国軍隊に対して、必要な支援活動を実施できるようにするための法整備を進めることとする。

（ア）我が国の支援対象となる他国軍隊が『現に戦闘行為を行っている現場』では、支援活動は実施しない。

（イ）仮に、状況変化により、我が国が支援活動を実施している場所が『現に戦闘行為を行っている現場』となる場合には、直ちにそこで実施している支援活動を休止又は中断する。」

このうち、「後方地域支援」から「後方支援」へと転換について説明しておきましょう。たとえば、イラク復興支援特別措置法（イラクにおける人道復興支援活動及び安全確保支援活動の実施に関する特別措置法）は、「対応措置については、我が国領域及び現に戦闘行為（国際的な武力紛争の一環として行われる人を殺傷し又は物を破壊する行為をいう。…）が行われておらず、かつ、そこで実施される活動の期間を通じて戦闘行為が行われることがないと認められる次に掲げる地域において実施するものとする」と定め、「後方地域支援」を規定していました（第2条第3項）。

これに比べ「国際平和支援法」（国際社会の平和と安全などの目的を掲げて戦争している他国軍を、自衛隊が後方支援できる「恒久法」）では、戦闘行為が行われていない地域であればどこでも「後方支援」できることになるのです。そのため、「国際平和支援法」は、「協力支援活動及び捜索救援活動は、現に戦闘行為が行われている現場では実施しないものとする。」と定めています（第2条第3項）

こうして自衛隊は、「現に戦闘行為が行われている現場」以外であればどこの地域でも後方支援できることになったので、主権者国民の代表機関である国会よりも、派兵される自衛隊の判断が優先されることになるでしょう。「現に戦闘行為が行われている現場」かどうかの判断は、ますます、派兵されている自衛隊が行うことになるからです。言い換えれば、いわゆる文民統制（シビリアンコントロール）はますます形骸化することになります。

◆「周辺事態」から「重要影響事態」へ

また、周辺事態法（1999年制定）は「重要影響事態法」に変わりました。周辺事態法は、「そのまま放置すれば我が国に対する直接の武力攻撃に至るおそれのある事態等我が国周辺の地域における我が国の平和及び安全に重要な影響を与える事態」を「周辺事態」と呼んでいましたが、重要影響事態法は、「そのまま放置すれば我が国に対する直接の武力攻撃に至るおそれのある事態等我が国の平和及び安全に重要な影響を与える事態」を「重要影響事態」と呼んでいます。つまり「日本周辺」という事実上の地理的制限をなくしたのです。

そして、「日本の平和と安全の確保」を目的に、世界中に自衛隊を派遣できるようにし、兵站である「後方支援活動」の対象は、米軍のほか米軍以外の外国軍にも拡大しています（第1条）。

◆民間人も「重要影響事態」で戦地協力

重要影響事態法は、「重要影響事態」が認定されれば、政府が地方公共団体に対し「必要な協力を求める」ことを認めているだけではなく、「国以外の者」に対しても「必要な協力を依頼すること」を認めています（第9条第1項・第2項）。そして、「国以外の者が、その協力により損失を受けた場合には、その損失に関し、必要な財政上の措置を講ずる」と定めています（同条第3項）。

つまり、「重要影響事態」が認定されると、地方公務員や民間企業の従業員などが、損失を受けるおそれのある協力を依頼される可能性があるのです。

重要影響事態法における「国以外の者」による協力

重要影響事態に際して我が国の平和及び安全を確保するための措置に関する法律（重要影響事態法）

（国以外の者による協力等）

第9条　関係行政機関の長は、法令及び基本計画に従い、地方公共団体の長に対し、その有する権限の行使について必要な協力を求めることができる。

2　前項に定めるもののほか、関係行政機関の長は、法令及び基本計画に従い、国以外の者に対し、必要な協力を依頼することができる。

３　政府は、前二項の規定により協力を求められ又は協力を依頼された国以外の者が、その協力により損失を受けた場合には、その損失に関し、必要な財政上の措置を講ずるものとする

国家安全保障局作成の「平和安全法制　論点集」では、「個別具体の状況によっては、第９条第２項に基づき民間業者等…（中略）…に対して我が国領域外における協力を依頼することもありえます」と記述し、海外紛争地に赴く自衛隊員を補助するために民間人が利用される可能性を明示しています（「戦争法で民間人も戦地へ　海外で「協力」を依頼　本紙入手　政府文書に明記」しんぶん赤旗２０１７年1月18日）。

◆イラク戦争では「武器・弾薬の輸送」を民間輸送力に依存

もちろん、国以外の者（民間）への協力依頼は義務ではないので、政府の協力依頼に必ず応じる必要はありませんが、すでに、応じている「実績」があります。

イラク派兵（２００３〜２００９年）の経験をまとめた陸上自衛隊の内部文書「復興支援活動行動史」に「総輸送力の99％を民間輸送力に依存」と明記されています。２０１５年8月26日の参議院安保法制特別委員会で、中谷元（げん）防衛大臣は、自衛隊のイラク派兵時における武器・弾薬を含む物資や人員の輸送にあたり、民航機として、日航、アントノフ航空（ウクライナ）、ブリティッシュ・エアウェ

「重要影響事態」で民間人も戦地へ

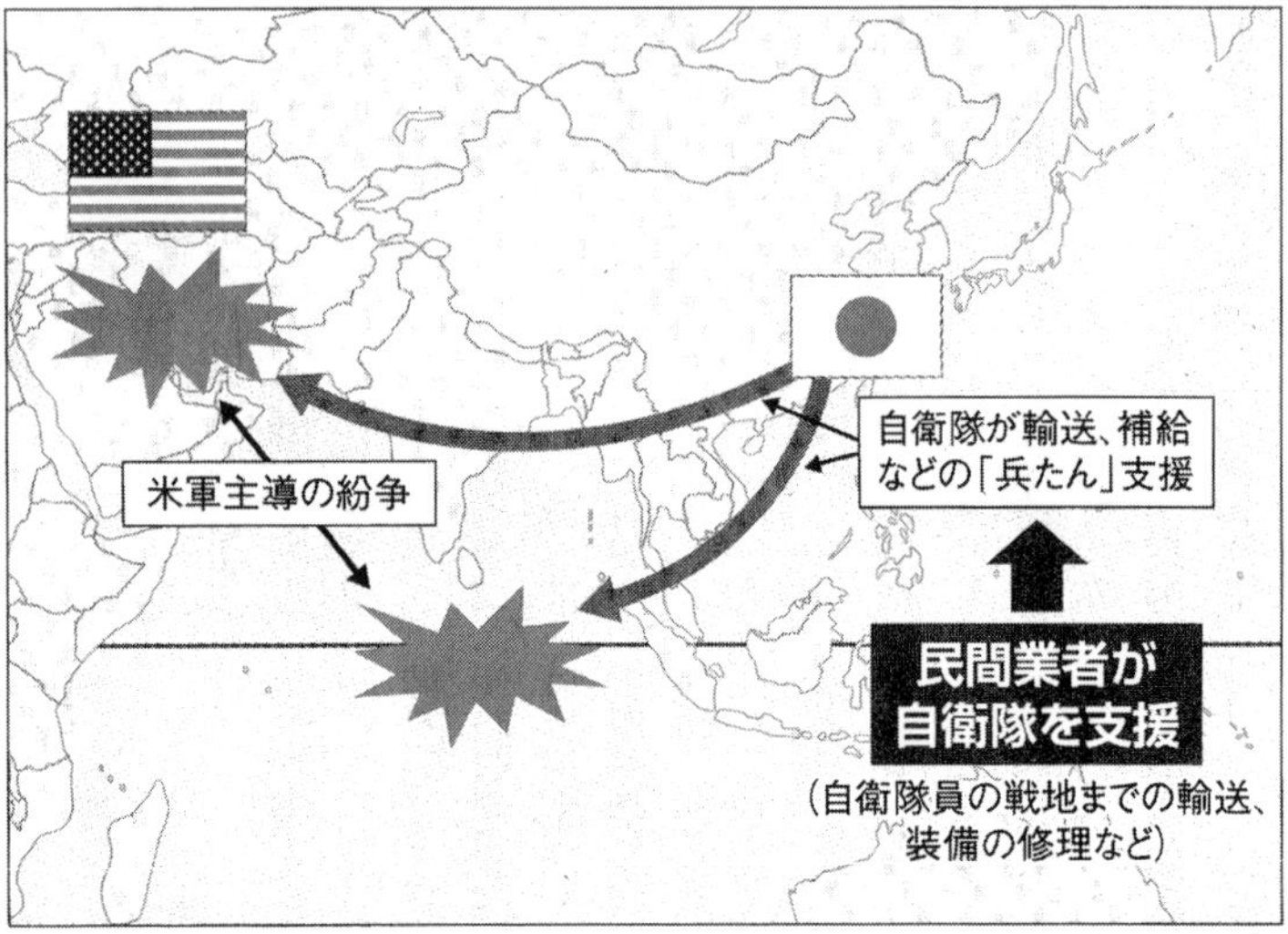

出所：「しんぶん赤旗」2017年1月18日

イズ（英国）、タイ国際航空を利用したことを明らかにしました。日本共産党の辰巳孝太郎議員が日本通運との契約によりクウェートなどへの装備品の運搬も行われていたと指摘し、「武器・弾薬（の輸送）も含まれるか」と追及したところ「（武器・弾薬も）含まれている」と明言しました。

中谷防衛大臣は、さらに、装備品の整備・修理のため、民間技術者としてのべ39人が現地に派遣されたことも明かしました（「イラク派兵時武器弾薬輸送に民間動員　辰巳議員追及　戦争法案で範囲拡大」しんぶん赤旗２０１５年８月27日）。

要するに、過去の「後方地域支援」では「武器・弾薬の輸送」において民間輸送力に依存せざるを得ないのですから、「重要影響事態」が認定された場合の「後方支援活動」でも、同様に民間に依存することになることは確実でしょうから、民間企業の従業員も企業の業務命令を通じて事実上動員されることになる可能性が極めて高いと言えます。

◆自衛隊の軍事的支援活動（任務）の拡大

また「後方支援」では、武器と弾薬の非常識な区別もなされたうえで、従来禁止され、できなかった支援が解禁されることになりました。

従来の「後方地域支援」では「武器」や「弾薬」の「輸送」も「提供」も禁止され、できませんでしたが、これに対し、今回の「後方支援」では、「武器」の「提供」は禁止されたままですが、「弾薬」の「提供」は解禁され、かつ、「武器」や「弾薬」の「輸送」は解禁されました。

そして、政府は「弾薬」について「一般的に武器とともに用いられる火薬類を使用した消耗品」と定義し、中谷防衛大臣は、戦闘中の他国軍に対する支援で行う「弾薬の輸送」について「ミサイルや手りゅう弾、クラスター（集束）弾、劣化ウラン弾」も「弾薬」にあたり、その「輸送」を「法律上排除しない」」、「核兵器の運搬」も「化学兵器の輸送」も「法文上は排除していない」し、「核兵器を搭載した戦闘機への給油」も「法律上は可能」と説明したのです。

また、ＰＫＯ協力法改正では、ＰＫＯの「参加5原則」の一部を緩和し、ＰＫＯで実施できる業務は「駆け付け警護」「宿営地防護」へと拡大されました。「駆け付け警護」とは、武装集団などに襲われた国連職員らを隊員が武器を使って救い出すもので、「宿営地防護」とは、ＰＫＯに派遣された他国軍と共に宿営地を守るものです。

国家安全保障局資料「平和安全法制　論点集」は、「駆け付け警護」の対象者について、PKOに従事する国際機関の職員や要員などのほかに「当該活動に参加する他国の軍隊等の要員」と明記していますし、また、PKOに加え、国連が統括しない「国際連携平和安全活動」に従事する者も「駆け付け警護」の対象者として規定しています。政府はこれに関して、陸上自衛隊のイラク派兵（2004～06年）のような活動も改定PKO法で可能との見解も示しています。

ただし、昨2016年11月、南スーダンPKOに派遣される陸上自衛隊に「駆け付け警護」が付与された際、政府が閣議決定した「新任務付与に関する基本的な考え方」では、他国の軍人の警護については「想定されない」としていました（「『駆け付け警護』他国軍も対象　本紙請求　政府資料に明記」しんぶん赤旗2017年1月20日）。

◆国際的には「武力の行使」なのに「武器の使用」と説明

自衛隊の「武器の使用」基準も緩和されました。従来の「自衛隊員の生命を防護のために必要な最小限のものに限る」という枠を超え、任務の妨害を排除するための武器使用も認められたのです。2014年7月の閣議決定における「国際的な平和協力活動に伴う武器使用」は、次のようなものでした。

「我が国として、『国家又は国家に準ずる組織』が敵対するものとして登場しないことを確保した上で、国際連合平和維持活動などの『武力の行使』を伴わない国際的な平和協力活動におけるいわゆる『駆け付け警護』に伴う武器使用及び『任務遂行のための武器使用』のほか、領域国の同意に基づく邦人救出などの『武力の行使』を伴わない警察的な活動ができるよう、…法整備を進めることとする。」

自衛隊の「武器の使用」について安倍政権は、日本国憲法第9条が禁止している「武力の行使」ではないと弁明しています。しかし、警察の枠を超える自衛隊が海外の戦闘状態にある地域やその周辺で「武器の使用」を行えば、それが自己の生命を守るためでも、前述の支援・任務を遂行するためであれば尚更のこと、戦闘行為なので「武力の行使」です。ですから、この場合、「武力の行使」を禁止した憲法第9条に違反します。

本書第3章で紹介した「第三次アーミテージレポート」も、「平和維持活動」の箇所で、「日本は、必要であれば武力を行使してでも、市民と、同様に他の国際的な平和維持軍を守ることができるような法的権限を自国の平和維持活動軍に与えることを我々は奨励する」と述べていました（『米日同盟アジアに安定を定着させる』２０１２年夏）。

にもかかわらず、安倍政権は、「武力の行使」ではなく、「武器の使用」であるとの弁明を繰り返してきました。

◆平時における合衆国軍隊等の部隊の武器等の防護のための「武器の使用」

さらに、改正自衛隊法では、「合衆国軍隊等の部隊の武器等の防護」のためにも自衛隊の「武器の使用」

を認めました。

すなわち、「自衛官は、アメリカ合衆国の軍隊その他の外国の軍隊その他これに類する組織の部隊であって自衛隊と連携して我が国の防衛に資する活動（共同訓練を含み、現に戦闘行為が行われている現場で行われるものを除く。）に現に従事しているものの武器等を職務上警護するに当たり、人又は武器等を防護するため必要であると認める相当の理由がある場合には、その事態に応じ合理的に必要と判断される限度で武器を使用することができる」と定めたのです（第95条の2）。

これによると、平時から自衛隊が米軍の艦船などを守る「武器等防護」が可能になり、憲法の禁止する「武力の行使」が許容されてしまうのです。

安全保障関連法案をめぐる国会審議で、野党は、武力行使の新3要件や国会承認といった手続きを経ずに、自衛隊が米艦を守るための武器使用ができるようになるため「集団的自衛権の裏口入学だ」と批判していました（「（安全保障法制）『武器等防護』野党が批判　外国軍も対象『集団的自衛権の抜け道』」朝日新聞2015年9月1日5時）。

◆民間協力者等もテロの対象へ

以上の紹介で明らかなように、日本がこれまで以上にアメリカの戦争に軍事協力することになります。そうすると、集団的自衛権行使の要件である「存立危機事態」が認定された場合だけではなく、「重要影響事態」が認定された場合も、自衛隊がテロのターゲットになるだけではなく、自衛隊の後方支援として協力して、前述した「武器・弾薬の輸送」を行う民間航空機のほか、「米軍の人員、物資の輸送」を行う民間船舶など、民間企業の従業員も、テロの対象になる恐れがあります。

後者については、例えば、2016年3月25日の参議院予算委員会で、日本共産党の仁比聡平議員が、イラン・イラク戦争（1980～1988年）当時、ペルシャ湾内で、民間船舶への攻撃が現実に起き、船舶19隻が被弾し、4人が死亡、負傷者19人を出していると指摘しています（「論戦ハイライト 戦争法下 民間動員許されぬ　参院予算委 仁比議員が追及」しんぶん赤旗2016年3月26日）。

また、前述した「指定公共機関」は、「輸送」に限定されず、「電気、ガス、通信」「その他の公益的事業」の民間企業も含まれているので、それらの従業員も、法律に基づく場合だけではなく契約に基づく場合においても、事実上動員される可能性があるので、テロの被害にあう恐れがあります。さらに、海外で起きているように、アメリカの戦争に軍事協力している国々では、一般市民をターゲットにしたテロによる被害を受ける恐れがありますので、今後は、日本国内でもテロが起きる恐れがあります。

要するに、日本・日本人がこれまで以上に本格的な戦争加害国・者になるから、日本人も被害者になる恐れがあるのです。

第6節　南スーダンＰＫＯ派遣問題

◆戦争法としての本格的運用段階としての問題

南スーダンは、２０１１年にスーダンから独立した国家です。日本政府は、その南スーダンに２０１２年から陸上自衛隊の国連平和維持活動（ＰＫＯ）部隊を「派遣」してきました。

すでに紹介したように、自衛隊統合幕僚監部の内部文書「日米防衛協力指針（ガイドライン）および安全保障関連法案を受けた今後の方向性」と題した資料は、安保関連法案に特定されていない地域をあげて南スーダンＰＫＯへの「駆け付け警護」等の業務の追加を検討課題の一つとして記しています。

２０１６年8月24日、稲田朋美防衛大臣は、安保関連法の施行に伴い、新たに自衛隊の任務となった「駆け付け警護」や「宿営地の共同防衛」など新任務の実施に向け、国内での実戦訓練を開始すると発表し、その新任務の訓練は、11月中旬に南スーダンのＰＫＯ＝国連平和維持活動に派遣される陸上自衛隊部隊を中心に行われました。

ただし、アメリカは南スーダンにＰＫＯ部隊を派遣してはいません。

◆南スーダンの現状と従来と異なるＰＫＯ

南スーダンでは、2015年8月に和平協定が成立し、大統領派と反政府勢力の双方で構成する政権が発足したものの、2016年7月には、民族間の対立を背景に、首都ジュバで、キール大統領が率いる政府軍とマシャール前副大統領に忠誠を誓う反政府勢力の大規模な戦闘が再燃し、300人近い死者が出ました（中国のPKO隊員と国連職員が死亡）。10月も大統領派と前第一副大統領派との間での戦闘が発生し、1週間で60人もの死者が出ました。

国連施設内にある自衛隊の宿営地にも流れ弾が飛んできたため、約350人で道路補修などにあたる自衛隊も宿営地域外での活動を一時止めたほどです。しかしその後、自衛隊は、小銃を持った陸自隊員が活動中の部隊を警備し始めました。

事態を懸念した国連安全保障理事会は、治安回復に向けて国連派遣団を約4000人増派する決議案を採択しました。前述したようにPKOは従来の原則が妥当しないものへと変質しているのです。

一方、自衛隊のPKO派遣については、PKO協力法が明記する「武力紛争の停止及びこれを維持するとの紛争当事者間の合意」や「当該活動が行われる地域の属する国（…）及び紛争当事者の当該活動が行われることについての同意」（第3条第1号イ）など「参加5原則」の要件がありますが、7月の戦闘の後、第一副大統領職を解任された反政府勢力トップが隣国へ避難するなど情勢は混迷の度を深めるばかりなのに、現地を訪れた稲田防衛大臣は「現時点でPKO参加5原則は満たしている」と強調し、抗争再燃については「PKO協力法上の武力紛争が新たに生じたということではない」と強弁しました。

◆「戦闘行為ではなく衝突だ」

２０１６年10月11日の参議院予算委員会で、民進党の大野元裕議員が南スーダン・ジュバで7月に起きた大規模な戦闘についての認識を質問したのに対し、稲田朋美防衛相は「法的な意味における戦闘行為ではなく、衝突だ」「戦闘行為とは、国際的な武力紛争の一環として行われる人を殺傷しまたはモノを破壊する行為だ。こういった意味における戦闘行為ではないと思う」と述べ、安倍晋三首相は、「武器をつかって殺傷、あるいはモノを破壊する行為はあった。大野さんの解釈として『戦闘』で捉えられるだろうと思うが、我々はいわば勢力と勢力がぶつかったという表現を使っている」と説明しました（「安倍首相『戦闘ではなく衝突』ジュバの大規模戦闘」朝日新聞２０１６年10月11日13時37分）。

◆政府も南スーダン北部に「反政府派支配地域」が存在すると認識

ところが、陸上幕僚監部作成の「南スーダンＰＫＯ第10次派遣要員家族説明会資料」では、２０１６年2月1日時点で、南スーダン北部に「反政府派支配地域」が存在することが明記され、支配地域との境界に「戦闘発生箇所」があることも示していましたが、同年11月に派遣された第11次派遣要員の「家族説明資料」は、同年8月1日時点で「支配地域」がなくなり「反政府派の活動が活発な地域」に差し替えられていました。

日本共産党の井上哲士議員は、同年11月22日の参議院外務防衛委員会で、この資料を示して南スーダンへの自衛隊派兵問題を取り上げ、「政府はこれまで、反政府側の支配地域があるかどうかはＰＫ

O参加5原則が維持されているかどうかの基本的な指標だと答弁してきた」と指摘し「それなのに、反政府側の支配地域があると家族に説明しながら、第10次要員を派遣した。つまり、参加5原則が崩れていると認識しながら、それを承知で派遣したということだ」と迫りました。

これに対し、稲田朋美防衛大臣は、「第10次要員が派遣される場合においても、紛争当事者が現出たとは認識していない」と言い訳に終始しましたが、井上議員は、国連事務総長報告を読み上げ、「2月より8月の方がさらに治安は悪化しているのに改善したかのように家族に説明し、派遣を継続することは許せない」と批判し、「PKO参加5原則が破たんしていることは明らかだ」と強調しました（「「反政府派支配地域」を明記　南スーダン「PKO5原則」崩壊　井上議員　陸幕資料示し追及」しんぶん赤旗2016年11月23日）。

南スーダンに「反政府派の活動が活発な地域」がある以上、自衛隊を南スーダンに派遣しても停戦合意があるとは言えないことは、明らかですが、日本政府が「反政府派支配地域」が存在すると認識していたことは、政府自身がPKO協力法の定める停戦合意（第3条第1号イ）のないことを認識していることになります。

◆任務遂行のための「武器の使用」＝「武力の行使」

安保関連法＝戦争法の中の改正PKO法によると、自衛隊の「武器の使用基準」も緩和され、任務遂行のためにも「武器の使用」が認められたので、自衛隊が南スーダンで武器使用（武力の行使）をする危険性は極めて高くなっています。

陸上自衛隊研究本部が２０１４年に作成した文書「教訓要報」では、「宿営地周辺情勢悪化のため、全隊員に武器・弾薬を搬出・携行させた例」があるとして「全隊員による個人携行火器の実弾射撃（至近距離射撃）実施」と記され、「当該射撃が必要となる事態発生の可能性は否定できない」と明記されています。

改正ＰＫＯ法では、「小型武器又は武器の使用に際しては」、刑法の「正当防衛」および「緊急避難」に該当する場合以外は、「人に危害を与えてはならない」（第25条第6項、第26条第3項）と明記されていますが、自衛隊の新任務は「駆け付け警護」や「宿営地の共同防護」である以上、その任務遂行のために武器を使用し、「人に危害を与えて」も、常に「正当防衛」および「緊急避難」に該当すると弁明されることでしょう。

改正ＰＫＯ協力法
第25条第6項、第26条第3項　…小型武器又は武器の使用に際しては、刑法第36条 又は第37条 の規定に該当する場合を除いては、人に危害を与えてはならない。

刑法
（正当防衛）第36条　急迫不正の侵害に対して、自己又は他人の権利を防衛するため、やむを得ずにした行為は、罰しない。
2　防衛の程度を超えた行為は、情状により、その刑を減軽し、又は免除することができる。
（緊急避難）第37条　自己又は他人の生命、身体、自由又は財産に対する現在の危難を避けるため、やむを得ずにした行為は、これによって生じた害が避けようとした害の程度を超えなかった場合に限り、罰しない。ただし、その程度を超えた行為は、情状により、その刑を減軽し、又は免除することができる。
2　前項の規定は、業務上特別の義務がある者には、適用しない。

◆自衛官応募者数の減少

自衛隊が高校新卒者らを中心に募集する「一般曹候補生」の2016年度の応募者数は2万5092人で、2014年度より6053人少なく、19・4％減です。

それを反映してか、自衛隊は中学校新卒者にも新たな手法で募集を始めています。例えば、自衛隊滋賀地方協力本部（大津市）は、2015年9月下旬、広報官の交代などに伴い市内の全6中学を訪ねた際、滋賀県高島市の市立中学校の進路指導の教諭に対し、「自衛官等募集中」「お気軽にお問い合わせください」などの文言や同本部の連絡先がデザインされたトイレットペーパーを4個ずつ配布したのです。それが実際に校内のトイレで配置され、インターネット上などで批判を浴び、同本部が自主回収したそうです（「中学のトイレ紙に「自衛官募集」、批判受け回収　滋賀」朝日新聞２０１５年10月８日11時50分）が、自衛隊は中学新卒生もターゲットにしていることがわかります。

◆弔慰金の最高額を９０００万円に引き上げへ！

防衛省は、南スーダンの国連平和維持活動（ＰＫＯ）に派遣した陸上自衛隊の部隊が任務中に死亡したり、重度障害になったりした場合の弔慰・見舞金の最高限度額を、現行の６千万円から９千万円に引き上げ、また、「国際平和協力手当」として１日１万６千円が隊員に支給されていますが、これに加えて、新任務を実施した際は１回当たり８千円の手当を隊員に支給する方針を決めたそうです。

弔慰・見舞金の引き上げは、いずれも３千万円を上乗せして９千万円としたイラク派遣やソマリア沖・アデン湾での海賊対処、原子力災害への対処に続く措置となります。手当追加の閣議決定をするのに合わせ、同省の「賞恤（しょうじゅつ）金に関する訓令」が改正されました。

これは、「駆けつけ警護を付与した以上、リスクのある危険な任務を遂行する可能性がある」（防衛省幹部）ことから、「家族を日本に残し、緊張を強いられる隊員が安心して職務に打ち込めるよう、引き上げるべきだ」（同）との判断があったようですが、やはり政府は、自衛隊員が殺し殺されることになる可能性が高いということを認めているようです。

「駆け付け警護」などが初めて付与された陸自派遣部隊の隊員約３５０人は、２０１６年11月20日から順次現地へ出発しており、現地では、現在活動中の部隊との交代作業が進められ、新任務は12月

12日から実施可能となりました。

◆憲法研究者が声明を発表

日本政府は、同年11月15日、南スーダンの国連平和維持活動（ＰＫＯ）へ派遣する陸上自衛隊の部隊に新たな任務である「駆け付け警護」と「宿営地の共同防護」を付与することを盛り込んだ「実施計画」を閣議決定しました。

この新任務は、２０１５年９月に強行成立された「安保関連法」のうちの改正「ＰＫＯ法」を根拠にしながらも、しかしＰＫＯ参加原則を満たしていない中で、12月12日から施行されました。

当該自衛隊は、改正「ＰＫＯ法」で「武器の使用」基準が緩和され、その新任務を遂行するためにも「武器の使用」ができるようになりましたので、明らかに憲法９条の禁止する武力行使をすることになります。

そこで、全国の憲法研究者１０１名は、12月９日午前、「南スーダン・自衛隊ＰＫＯ派遣に反対し、即刻撤収することを要求する憲法研究者声明」を発表しました（なお、声明賛同憲法研究者は年末の時点で２名増え１０３名）。

◆国連安保理が「深刻な懸念」表明

今年（２０１７年）に入っても、南スーダンの状態は改善してはいません。

国連安全保障理事会は1月23日、南スーダン情勢に関する非公開の協議を開催し、会合後、記者会見した安保理議長国スウェーデンのスコーグ国連大使によると、安保理は、南スーダン各地で戦闘が発生し、人道援助活動ができない状態が続いているとして「深刻な懸念」を表明しました（「南スーダンに『深刻な懸念』　安保理が表明、各地で戦闘継続」２０１７年1月24日8時25分）。

◆「南スーダン派遣施設隊　日々報告」等がＰＫＯ停止の可能性を指摘

また、国連平和維持活動（ＰＫＯ）が展開されている南スーダンの首都ジュバで、２０１６年７月に発生した政府軍と反政府勢力の大規模な戦闘について、陸上自衛隊の現地派遣部隊が情勢を記録した日報「南スーダン派遣施設隊　日々報告」（２０１６年７月11日付及び同月12日付）と、現地部隊から報告を受けた陸自中央即応集団（ＣＲＦ）が作成する「モーニングレポート」は、ジュバでの衝突の激化により「ＵＮ（国連）活動の停止」に至る可能性があると指摘し、また、「（２０１６年７月）10・11日も戦車や迫撃砲を使用した激しい戦闘がＵＮハウス・（陸自部隊が駐屯する）ＵＮトンピン周辺で確認される等、緊張は継続」とした上で、「宿営地周辺での射撃事案に伴う流れ弾への巻き込まれ、ジュバ市内での突発的な戦闘への巻き込まれに注意が必要」などと記していました（「ＰＫＯ停止の可能性を指摘　南スーダン戦闘で陸自文書」朝日新聞２０１７年２月７日12時15分）。

つまり、ＰＫＯ派遣部隊とこの「日々報告」等に目を通した防衛省は、南スーダンの首都ジュバで「激しい戦闘」が行われていて、派遣の条件であるＰＫＯ原則の停戦合意がないことを認識していたのです。

◆「法的な戦闘」ではなく「一般的な戦闘」⁉

当初廃棄されたと説明されていた前記「日々報告」が公表されたため、南スーダンの首都ジュバでの大規模な戦闘行為の有無が国会で改めて問題になりました。

2月8日の衆議院予算委員会で、民進党の小山展弘議員の質問に対し、稲田防衛大臣は「日々報告」に記された「戦闘」とは、「一般的な辞書的な意味で戦闘という言葉を使ったと推測している。法的な意味の戦闘行為ではない。武力衝突だ」と答弁しました（「『法的な戦闘ではない』＝南スーダン派遣部隊の日報めぐり―稲田防衛相」時事通信２０１７年2月8日12時39分）が、「モーニングレポート」では、すでに紹介したように、ジュバでの衝突の激化により「ＵＮ（国連）活動の停止」に至る可能性があると指摘していたのですから、ＰＫＯ協力法を意識して「激しい戦闘」と記載されたものであるとしか考えられません。

2月13日、南スーダンの国連平和維持活動（ＰＫＯ）への陸上自衛隊部隊の派遣をめぐり２０１６年7月11～14日に中谷防衛大臣（当時）に報告された情勢資料「衝突事案の概要」の一部が民進党の要求を受けて同党会合に公表されました。

同資料には「激しい銃撃戦」「激しい爆発音」などの記述があったものの、先に公表された部隊の「日々報告」に記載され、国会などで問題視されている「戦闘」という表現はありませんでした。民進側は「意図的に『戦闘』との言葉を抜き、大臣に報告したのではないか」と追及したところ、同省統合幕僚監部の担当者は「（法的意味の「戦闘」と）混同しないように、あえて『戦闘』という言葉は使っていない。ごまかす意味はない」と弁明しました（「『戦闘』大臣報告には記載なし 防衛省『混同せぬよう』朝日新聞２０１７年2月14日）。

しかし、防衛省が同日、新たに民進党の部会に示した南スーダン国連平和維持活動派遣部隊の昨年7月7～9日分の日報によると、政府軍と反政府勢力の対立が深まり7日に銃撃戦、8日に大統領派と反政府勢力合わせて約１５０人の死者が出ているもようで、大規模戦闘が発生と記載し、「戦闘に関する状況」との項目も新たに設定し、時系列で銃撃戦の状況を詳述していました。

つまり、当初は「抗争」と記載していたのですが、9日に初めて地図上に「ジュバで戦闘」と表現し、治安悪化に合わせ情勢認識を緊迫した表現に見直していることが判明したのです（「ＰＫＯ『戦闘』表現、銃撃３日目 南スーダン治安悪化で変更」共同通信２０１７年2月13日23時9分）。防衛省統合幕僚監部がこの変化に気づかないはずがありません。

ということは、現地の派遣自衛官が時系列で忠実に事態の変化を報告した内容のうち、特に重要な「激しい戦闘」の記載を防衛省統合幕僚監部が無視した結果、あるいは歪曲して解釈した結果であり、これは、自衛官で構成される同省統合幕僚監部の一種の暴走です。シビリアンコントロールがない状態です。これを安倍政権は追認したのでしょう。

現地の自衛官は、ＰＫＯ協力法を意識して「激しい戦闘」と記述しているのに、現地にいない防衛省統合幕僚監部と稲田防衛大臣がそれを否定するのは、「撤退しない」という「結論ありき」だからとしか考えられません。

◆憲法9条違反にならないように安倍政権は「衝突」と表現

また、稲田朋美防衛大臣は、「事実行為としての殺傷行為はあったが、憲法9条上の問題になる言葉は使うべきではないことから、武力衝突という言葉を使っている」とも答弁したのです（「『9条上問題になるから「武力衝突」使う』稲田防衛相」朝日新聞２０１７年2月8日13時59分）。

つまり、安倍政権は、「激しい戦闘」を正直に認めると、ＰＫＯ派遣自衛隊を撤退しなければならないので、「衝突」と言い張ってきたことを暗に認めたのです。結局、安倍政権は、派遣の根拠としての違憲のＰＫＯ協力法（第3条第1号イ）にも違反して、憲法9条にも違反していることを分かったうえで、同法を運用しているのです。

◆国連安保理が即時停戦要求

河野統合幕僚長は、表現に注意するよう現地の部隊に指示したと記者会見で発表しました（「河野統合幕僚長　日報での『戦闘』表現に注意を指示」テレビ朝日系（ＡＮＮ）２０１７年2月10日5時53分）が、これでは、現地の自衛官は、真実の記録ができなくなるでしょう。戦後、自衛隊員が殺し殺される事態になっても、「戦闘」に加わったと記録されることはなく、戦死しても「事故死」などと表記されてしまうことでしょう。

国連安全保障理事会は2月10日、南スーダンの各地で続く戦闘について強く非難し、南スーダン政府が現地の国連平和維持活動（ＰＫＯ）を妨げていることに深い懸念を表明し、市民を狙った攻撃は「戦争犯罪になり得る」とし、関与した人物は制裁対象になると警告し、全ての当事者に即時停戦を求め、和平に向けた政治プロセスが最も重要であると強調する報道声明を発表しました（「南スーダン戦闘は『戦争犯罪』国連安保理が即時停戦要求」２０１７年2月11日16時40分）。

やはり、前記「日々報告」における「戦闘」の記述は、停戦合意が破られていることを知らせる派遣自衛官の悲鳴のごとき表現だったのです。

南スーダンの状況は、改善に向かいそうにありません。

南スーダンの反政府勢力の指導者であるマシャール前副大統領は、国外に脱出したあと、南アフリカに滞在しており、ＮＨＫの取材に応じ、「政府側との和平合意がもはや、ない以上、戦いを続けるしかない」、「反政府勢力は今も首都ジュバの周辺に展開している」と説明し、政府軍が掌握している首都ジュバについて、「反政府勢力は首都から撤収した形だが、その周辺には今も展開している」として、今後、政府軍が各地で攻撃を強化するなど、状況しだいでは、ジュバへの攻撃も辞さないと警告しました（「南スーダン反政府指導者 首都攻撃も辞さず」ＮＨＫ２０１７年2月17日6時12分）。

南スーダンにＰＫＯとして派遣されている自衛隊は、一刻も早く日本に帰国させるべきです。このままでは自衛隊が殺し殺させる状態に置かれることは、あまりにも明らかです。

◆日本は国連安保理で南スーダンへの武器禁輸決議案に棄権

日本は南スーダンに国連平和維持活動（ＰＫＯ）をする自衛隊を派遣しましたが、アメリカや国連は南スーダンへの武器流入がジェノサイド（大虐殺）を助長する危険性を懸念しており、武器禁輸の制裁を科すことが治安の改善につながるとみていました。そこで米欧は南スーダンにおける民族間の対立が虐殺や戦闘激化につながる可能性があるとして武器の流入を食い止める武器禁輸を実施したい構えでした。

国連安全保障理事会では全15カ国のうち９カ国以上が賛成し、中ロを含む常任理事国５カ国が拒否権を行使しなかった場合に決議が採択されるのですが、南スーダンへの武器禁輸決議案に対し、反対票はなかったものの、日本など８カ国（常任理事国の中国とロシアのほか、非常任理事国では日本のほか、マレーシア、セネガルなど）が棄権に回り、必要な得票数に届かなかったため、国連安全保障理事会は２０１６年12月23日午前、同議決案を否決しました。

アメリカのサマンサ・パワー国連大使は、採決後、棄権した理事国を「歴史が厳しい判断を下すだろう」と非難しました（「南スーダンへの武器禁輸決議案、安保理で否決　日本など棄権」日経新聞２０１６年12月24日０時32分）。

◆安倍内閣は「撤収方針」を発表したが…

安倍内閣は、３月10日夕方、南スーダンにＰＫＯとして派遣している自衛隊を撤収する方針だとＮＨＫが報じました。この撤退は、国民の反対運動の成果ですが、問題があります。

第一に、その撤収の時期は、今ではないのです。「５月末をめど」とする方針にすぎなく、２カ月余り自衛隊のＰＫＯ部隊は南スーダンにとどまり、「5月まで活動をする予定」だというのです（「南スーダン派遣の陸自施設部隊 撤収へ」ＮＨＫ２０１７年3月10日17時54分）。

第二に、菅義偉官房長官は、10日夕の記者会見で、その撤収の理由が南スーダンでの治安悪化が理由ではなく、「南スーダンの国づくりが新たな段階に入ろうとするなか、自衛隊が担当するジュバでの施設整備については一定の区切りをつけることが出来たと判断した」と強弁しましたし、第三に、「南スーダンＰＫＯ司令部への自衛隊要員の派遣は継続し、人道支援を充実するなど、南スーダンの平和と発展のために出来る限りの貢献を行っていく」と説明したのです（「南スーダンＰＫＯ部隊撤収、治安悪化が理由ではない＝菅官房長官」ロイター２０１７年3月10日18時52分）。

つまり、安倍内閣は、自衛隊のＰＫＯ部隊を南スーダンから完全撤収させるわけでもないのです。

主権者国民は、即時撤収と完全撤収を要求し続けると同時に、この度の撤収の判断時期が遅かったことにとどまらず、そもそも「駆け付け警護」等のための派遣それ自体が憲法違反であり、かつ改正ＰＫＯ協力法違反だったことを主張し続ける必要があります。加えて、本書では割愛した、前述の「日々報告」についての政府の隠蔽疑惑についても、真相解明が不可欠です。南スーダンへの自衛隊ＰＫＯ派遣問題は、まだ終わらせてはならないのです。

第６章

自民党「日本国憲法改正草案」の正体

第1節　非軍事平和主義の行方

◆自民党「日本国憲法改正草案」（2012年）と安倍自民党

自民党は2012年4月27日に「日本国憲法改正草案」を発表し、同年10月に「日本国憲法改正草案Q＆A」を、翌13年10月に「日本国憲法改正草案Q＆A増補版」を、それぞれ公表しました。

ところで、2016年10月3日の衆議院予算委員会で、自民党総裁である安倍晋三首相に対し、民進党の長妻昭議員が「自民党の責任者として、『なぜこういう改正草案を出したのか。基本的人権に関わる条文を変更したのか』と説明を求めたところ、安倍首相は「私が憲法草案を出した言うが、どこに出したのか。世に出したのは私ではない。谷垣総裁の時に出された。これは屁理屈ではない」と反論しました。

確かに、自民党「日本国憲法草案」が公表されたときの自民党総裁は、安倍氏ではなく、谷垣禎一氏でした。しかし、安倍氏は当時、自民党の憲法改正推進本部の最高顧問の一人でしたし、2013年2月15日に開催された自民党憲法改正推進本部の総会において、同党総裁として「憲法改正は我が党結党の目的である」と述べ、「いよいよ本腰を入れて取り組む」と決意表明し、かつ、前年の自民党「日本国憲法改正草案」について高く評価し、「我が国の国会議員こそ日本を変える原動力となる」と同草案を国民に浸透させるよう求めていました。

ですから、現・安倍自民党の改憲論を考えるうえで、自民党「日本国憲法改正草案」を取り上げることは、何ら的外れなことではないのです。前述の3点を重要な手掛かりにして、自民党がどのように日本国憲法を改変しようとしているのか、検証してみましょう。

◆「国防軍」創設へ

自民党「日本国憲法改正草案」（以下「改正草案」という。）を読むと、自民党が日本国憲法とは本質的に全く異なる憲法を構想していることがわかります。

真っ先に挙げられるのは、自民党の最大の狙いである平和主義の変質です。日本国憲法は、第2章を「戦争の放棄」とし、そこで定められている第9条で「国権の発動たる戦争と、武力による威嚇又は武力の行使」を「永久に」「放棄」し、「陸海空軍その他の戦力」を「保持しない」し「国の交戦権」を「認めない」と規定しています。

ところが、自民党「改正草案」は、第2章を「安全保障」と改め、第9条を「平和主義」とし、「日本国民は、正義と秩序を基調とする国際平和を誠実に希求し、国権の発動としての戦争を放棄し、武力による威嚇及び武力の行使は、国際紛争を解決する手段としては用いない」と定めながらも（同条第1項）、「自衛権の発動を妨げるものではない」と定め（同条第2項）、新たに第9条の2を設け、「我が国の平和と独立並びに国及び国民の安全を確保するため…国防軍を保持する」としています（同条第1項）。その結果、「陸海空軍その他の戦力は、これを保持しない。国の交戦権は、これを認めない。」

と定めている日本国憲法第9条第2項は全部削除されています。

自民党も、まず、内心では自衛隊が違憲であると考えているから、明文改憲を目指しているのですが、それだけではありません。

日本国憲法	自民党「日本国憲法改正草案」
第2章　戦争の放棄 **第9条**　日本国民は、正義と秩序を基調とする国際平和を誠実に希求し、国権の発動たる戦争と、武力による威嚇又は武力の行使は、国際紛争を解決する手段としては、永久にこれを放棄する。 2　前項の目的を達するため、陸海空軍その他の戦力は、これを保持しない。国の交戦権は、これを認めない。	**第2章　安全保障** **（平和主義）** **第9条**　日本国民は、正義と秩序を基調とする国際平和を誠実に希求し、国権の発動としての戦争を放棄し、武力による威嚇及び武力の行使は、国際紛争を解決する手段としては用いない。 2 前項の規定は、自衛権の発動を妨げるものではない。

◆集団的自衛権の行使を認めると義務になる

自民党「改正草案」は、前述したように、日本国憲法の戦争放棄をあえて放棄し、日本が「自衛権」

を行使して戦争をしていても「安全保障による平和主義」だと言い張ろうとしているのですが、そこでいう「自衛権」と戦争は個別的自衛権とその行使による自衛戦争だけではありません。

自民党「日本国憲法改正草案Q＆A」（以下「Q＆A」という。）は次のように解説しています。

「今回、新たな9条2項として、『自衛権』の規定を追加していますが、これは、従来の政府解釈によっても認められている、主権国家の自然権（当然持っている権利）としての『自衛権』を明示的に規定したものです。この『自衛権』には、国連憲章が認めている個別的自衛権や集団的自衛権が含まれていることは、言うまでもありません。

また、現在、政府は、集団的自衛権について『保持していても行使できない』という解釈をとっていますが、『行使できない』とすることの根拠は『9条1項・2項の全体』の解釈によるものとされています。このため、その重要な一方の規定である現行2項（『戦力の不保持』等を定めた規定）を削除した上で、新2項で、改めて『前項の規定は、自衛権の発動を妨げるものではない』と規定し、自衛権の行使には、何らの制約もないように規定しました。」（Q8の答）。

この解説で明らかなように自民党「改正草案」は、個別的自衛権の行使による自衛戦争だけではなく、さらには、「我が国の平和と独立並びに国及び国民の安全」と直接関係のない集団的自衛権（＝他衛権）の行使を認め、アメリカ等の外国の戦争（他衛戦争）に参戦することを無制約に認めているのです。

ところで、第二次安倍晋三政権は、本書第5章で紹介したように、2014年7月1日、集団的自衛権行使を「合憲」に変更する「解釈改憲」を強行しました。そして政府は、「集団的自衛権などに関する想定問答」の「問4　要件が曖昧。武力行使に『歯止め』がないのではないか。戦争に巻き込まれるのではないか」という問に対し、「集団的自衛権の行使は『権利』であり『義務』ではない。備えであり、実際に行使するか否かは政策の選択肢。時の内閣が、あらゆる選択肢を比較しつつ、国民の命と平和な暮らしを守り抜く観点から主体的に判断。」と回答しています。

しかし、この説明は、本書第5章でも指摘したように、明らかに間違いです。集団的自衛権の行使を認めることは、共同防衛・相互防衛を念頭に置いていますし、集団的自衛権とその行使を条約で定めれば、条約締結国の間では、その行使は国際法上義務になりますし、条約に基づかない場合でも自民党政権がアメリカの要請を断ることはないでしょうから政治的には義務になるからです。

同年4月21日、米国家安全保障会議（ＮＳＣ）のメデイロス・アジア上級部長は「日本による集団的自衛権の法的根拠見直しを支持する」と述べ、日本の集団的自衛権容認が「日米同盟の相互運用性を高める」とし、同席したローズ大統領副補佐官は、日米安全保障条約に基づき、「米国が日本を防衛する義務を順守することに、何の疑いもない」と強調しました（「集団的自衛権「見直しを支持」米政府　日本防衛義務も重ねて強調」産経新聞２０１４年4月22日9時3分）。

それゆえ、当然、日本が集団的自衛権を行使することも法的義務または政治的義務になるとアメリカも認識していることでしょう。自民党も、安保条約を含む日米安保体制と集団的自衛権（他衛権）行使が、いずれも違憲だと考えているから、9条の明文改憲を目指しているのです。

◆多国籍軍等への参加も許容

また、自民党「改正草案」は、「国防軍は、…国際社会の平和と安全を確保するために国際的に協調して行われる活動…を行うことができる」と定めています（第9条の2第3項）。これにつき「Q&A」は、「国防軍の国際平和活動への参加を可能にしました」、「集団安全保障における制裁行動についても、同様に可能である」と解説しています（Q10の答）。つまり、いわゆるPKOにも、国連の安全保障理事会の決議による軍事的制裁活動（国連軍や多国籍軍〈連合軍〉による軍事的制裁）にも、「国防軍」を参加させることができる、というのです。

条文では、「国連（国際連合）」という文言が明記されてはいません。となると、「国際的に協調して行われる活動…」とは、自民党政権が国際平和活動であると判断すれば国防軍がその活動に参加でき、必ずしも国連によるものに限定されないことになります。つまり、湾岸戦争のように国連安全保障理事会の決議のあった戦争にも、イラク戦争のように当該決議のなかった戦争にも参戦できることになります。

◆戦争をしていても、「戦争はしていない」「戦争には参加していない」⁉

ところで、これらの点につき自民党「Q&A」は次のような解説を行っています（Q7の答）。

「新たな9条1項で全面的に放棄するとしている『戦争』は、国際法上一般的に『違法』とされているところです。また、『戦争』以外の『武力の行使』や『武力による威嚇』が行われるのは、①侵略目的の場合、②自衛権の行使の場合、③制裁の場合の三つの場合に類型化できますが、9条1項で禁止されているのは、飽くまでも『国際紛争を解決する手段として』の武力行使等に限られます。この意味を①の『侵略目的の場合』に限定する解釈は、パリ不戦条約以来確立しているところです。

したがって、9条1項で禁止されるのは『戦争』及び侵略目的による武力行使（上記①）のみであり、自衛権の行使（上記②）や国際機関による制裁措置（上記③）は、禁止されていないものと考えます。」

この解説によると、国防軍の「個別的自衛権」行使による自衛戦争は「武力の行使であり戦争ではない」と説明されることになり、国防軍の「集団的自衛権」行使によるアメリカの戦争への参戦も自民党政権によると「参戦していない（戦争に参加してはいない）」と説明されることになりそうです。多国籍軍の制裁戦争への参戦も同様でしょう。自民党は戦争を戦争と認めないのです。

◆国防軍が国民の運動を弾圧する⁉

基本的人権保障との関係で気になるのは、自民党「改正草案」が「国防軍は…公の秩序を維持し、又は国民の生命若しくは自由を守るための活動を行うことができる」としていることです（第9条の2第3項）。これについて「Q&A」は、「国防軍が行える活動」の三つめとして、「公の秩序を維持し、又は国民の生命若しくは自由を守るための活動（治安維持や邦人救出、国民保護、災害派遣などの活動です。）」と解説しています（Q9の答）。

ここで「治安維持」が含まれているということは、国は「国民の生命若しくは自由を守る」ことを口実に国民の政府批判活動を弾圧することに国防軍を活用する余地を認めていることになります。大日本帝国憲法および治安維持法の下へと逆戻りです。

自民党「日本国憲法改正草案」における「国防軍」に関する規定

（国防軍）

第9条の2　我が国の平和と独立並びに国及び国民の安全を確保するため、内閣総理大臣を最高指揮官とする国防軍を保持する。

2　国防軍は、前項の規定による任務を遂行する際は、法律の定めるところにより、国会の承認その他の統制に服す。

3　国防軍は、第1項に規定する任務を遂行するための活動のほか、法律の定めるところにより、国際社会の平和と安全を確保するために国際的に協調して行われる活動及び公の秩序を維持し、又は国民の生命若しくは自由を守るための活動を行うことができる。

4　前2項に定めるもののほか、国防軍の組織、統制及び機密の保持に関する事項は、法律で定める。

5　国防軍に属する軍人その他の公務員がその職務の実施に伴う罪又は国防軍の機密に関する罪を犯した場合の裁判を行うため、法律の定めるところにより、国防軍に審判所を置く。この場合においては、被告人が裁判所へ上訴する権利は、保障されなければならない。

（内閣総理大臣の職務）

第72条…　2…

3　内閣総理大臣は、最高指揮官として、国防軍を統括する。

◆軍法会議の復活

また、自民党「改正草案」は、いわゆる軍事機密を認め（第9条の2第4項）、軍人や公務員が軍事機密に関する「罪を犯した場合の裁判を行うため…国防軍に審判所を置く」としています（同条第5項）。これにつき自民党「Q＆A」は次のように解説しています（Q11の答）。

「9条の2第5項に、軍事審判所の規定を置き、軍人等が職務の遂行上犯罪を犯したり、軍の秘密を漏洩したときの処罰について、通常の裁判所ではなく、国防軍に置かれる軍事審判所で裁かれるものとしました。審判所とは、いわゆる軍法会議のことです。」「軍事上の行為に関する裁判は、軍事機密を保護する必要があり、また、迅速な実施が望まれることに鑑みて、このような審判所の設置を規定しました。具体的なことは法律で定めることになりますが、裁判官や検察、弁護側も、主に軍人の中から選ばれることが想定されます。なお、審判所の審判に対しては、裁判所に上訴することができます。諸外国の軍法会議の例を見ても、原則裁判所へ上訴することができることとされています。この軍事審判を一審制とするのか、二審制とするのかは、立法政策によります。」

この解説にあるように「改正草案」が構想する審判所とは、弁護人も含め軍人だけで構成される軍法会議です。日本国憲法は軍法会議のような特別裁判所の設置を禁止しています（第76条第2項）が、自民党「改正草案」は、違憲の軍法会議の設置を「合憲」にしたいわけです（特別裁判所の設置を禁止したままなので、軍法会議を特別裁判所とは見なしていない可能性が高いようです）。

軍法会議の判断に不服があれば、裁判所に上訴することを認めていますが、裁判所への上訴後も、今の三審制が維持されるかどうかは不明で、軍事審判の軍法会議を含めて三審制になる可能性も否定できません。

また、国防軍が圧力をかければ軍人らが実際には裁判所に上訴しないこともありでしょう。そうなると、国民の「知る権利」を保障しないまま、密室で軍法会議が裁判し、事実上それが終審となることでしょう。刑罰の程度についても、過度に重いもの、あるいは逆に過度に軽いものになるおそれもあります。

ところで、軍法会議を設けるということは、裁判でも軍事機密が公表されたくないからです。前述の自民党「Q&A」も「軍事機密を保護する必要」を明記しています。いわゆる特定秘密情報保護法という名の「特定情報隠蔽法」が2013年12月に国会の数の力で強行制定されたのは、その先取りです（参照、右崎正博ほか『秘密保護法から「戦争する国」へ』旬報社・2014年）。これで「知る権利」は保障されないことになります。また、軍人の規律違反や軍事機密の漏洩等を捜査するのが軍の警察（昔の「憲兵」）になるのではないかとの疑念も生じます。

また、日本国憲法は大臣について「文民」でなければならないと定めています（第66条第2項）。大臣になれない、「文民」以外の者は、「現役の軍人」に限定されず、元軍人や元自衛官も含むと解されます。しかし、自民党「改正草案」は大臣になれない者を「現役の軍人」に限定しています（第66条第2項）。これでは、「現役の軍人」も任命直前に辞任すれば大臣に任命できることになってしまい、文民統制（シビリアンコントロール）も完全に骨抜きになります。

日本国憲法	自民党「日本国憲法改正草案」
第66条　… 2　内閣総理大臣その他の国務大臣は、文民でなければならない。	**（内閣の構成及び国会に対する責任）** **第66条**　… 2　内閣総理大臣及び全ての国務大臣は、現役の軍人であってはならない。
第76条　… 2　特別裁判所は、これを設置することができない。行政機関は、終審として裁判を行ふことができない。	**第76条**　…全て司法権は、最高裁判所及び法律の定めるところにより設置する下級裁判所に属する。 2　特別裁判所は、設置することができない。行政機関は、最終的な上訴審として裁判を行うことができない。

◆戦争責任の否定と平和的生存権の否定

自民党「改正草案」は、前文を全面的に改訂し、日本国憲法の前文にあった「政府の行為によって再び戦争の惨禍が起こることのないやうにすることを決意し」という文言を全面的に削除し、「我が国は、先の大戦による荒廃や幾多の大災害を乗り越えて発展し…」と述べるにとどめています。

日本国憲法は、かつての侵略戦争が「政府の行為」によって引き起こされ、それによって「戦争の惨禍」が起こったから、日本国としてそれを再び繰り返さない、と反省しているのですが、「改正草案」はこれを否定したいのです。

自民党「改正草案」は前文を全面改訂しているので、日本国憲法の「全世界の国民が、ひとしく恐怖と欠乏から免かれ、平和のうちに生存する権利を有する」という文言も削除しています。自民党「Q&A」を見ても、その「前文」の箇所（2前文　Q3）には、削除の説明はありません。

となると、「改正草案」は日本国憲法の保障している平和的生存権を否定していると解するしかありません。これは、日本国が戦争をする国家になるのですから必然的に平和的生存権を積極的に保障しないどころか、むしろ侵害する国家になることを意味しているのです。だから「改正草案」は平和的生存権を削除したのです。

日本国憲法	自民党「日本国憲法改正草案」
（前文） 日本国民は、…政府の行為によって再び戦争の惨禍が起ることのないやうにすることを決意し、……この憲法を確定する。……。 　日本国民は、恒久の平和を念願し、人間相互の関係を支配する崇高な理想を深く自覚するのであって、平和を愛する諸国民の公正と信義に信頼して、われらの安全と生存を保持しようと決意した。われらは、平和を維持し、専制と隷従、圧迫と偏狭を地上から永遠に除去しようと努めてゐる国際社会において、名誉ある地位を占めたいと思ふ。われらは、全世界の国民が、ひとしく恐怖と欠乏から免かれ、平和のうちに生存する権利を有することを確認する。	（前文） … 我が国は、先の大戦による荒廃や幾多の大災害を乗り越えて発展し、今や国際社会において重要な地位を占めており、平和主義の下、諸外国との友好関係を増進し、世界の平和と繁栄に貢献する。 …

◆徴兵制も「合憲」に

　ところで、経済界は徴兵制を主張していません。むしろ、経済同友会は「徴兵制を採用しない」という原則を基本とすべきであると提言してきました（経済同友会「新しい国家像を考える委員会」『新しい平和国家をめざして』１９９４年7月26日）。読売新聞の憲法改正試案も、「国民は、…軍隊に、参加を強制されない。」としていました（読売新聞第三次憲法改正試案２００４年５月３日、第一次憲法改正試案１９９４年11月３日も同じ）。

経済人など日本の支配層が徴兵制の採用を主張しない理由はいくつか考えられます。①徴兵制を採用してしまうと、経済人の家族も徴兵されてしまう可能性が生まれるからです。②今の戦争では国民上げての総力戦にはならず膨大な数の隊員・軍人は必要なく、新自由主義政策を強行して貧富の格差が大きくなればアメリカのように貧困層が自衛隊（自衛軍・国防軍）に入隊するから隊員・軍人は確保できるからです。これは経済的徴兵制と呼ばれています。③いわゆる有事立法および安保関連法によって公務員や指定公共機関の労働者を戦争に動員することはすでに可能になっているからです（例えば、「武力攻撃事態等及び存立危機事態における我が国の平和と独立並びに国及び国民の安全の確保に関する法律」によると、戦争に動員されるのは自衛隊員だけではなく、公務員や指定公共機関等の労働者も「責務」として戦争に動員されるのです）。

自民党「日本国憲法改正草案Q＆A増補版」（以下「Q＆A増補版」という。）も、「現在の政府解釈は、徴兵制を違憲とし、その根拠の一つとして」、「その意に反する苦役」を禁止している日本国憲法第18条を挙げていると弁明しています（Q16の答）。

ところが、自民党憲法改正推進本部（本部長・保利耕輔前政調会長）は２０１０年３月４日の会合で、徴兵制導入の検討を示唆するなど保守色を強く打ち出した論点を公表していました（「自民、徴兵制検討を示唆　５月めど、改憲案修正へ」共同通信２０１０年３月４日20時49分配信）。「Q＆A」には「党内議論の中では、『国民の「国を守る義務」について規定すべきではないか。』という意見が多く出されました」と紹介されています。それゆえ、「改正草案」は徴兵制の採用を明記していませんが、それを明確に否定する条項も盛り込んではいませんでした。

むしろ、自民党「改正草案」は、前文で「日本国民は、国と郷土を誇りと気概を持って自ら守り」と、第9条の3で「国は、主権と独立を守るため、国民と協力して、領土、領海及び領空を保全し、その資源を確保しなければならない。」と、それぞれ定めています。それゆえ、徴兵制は「合憲」にされてしまうのではないでしょうか。少なくとも、兵役を拒否する者は介護などのボランティアをしなければならないという制度であれば、「合憲」になることは確実でしょう。

民意を歪曲する選挙制度の下で、将来、右翼の政党や右翼化した保守政党が衆議院で3分の2以上の議席を確保する、あるいは衆参で過半数の議席を確保すれば、徴兵制が法律で採用されないとは断言できないのではないでしょうか。

自民党「日本国憲法改正草案」

（領土等の保全等）

第9条の三　国は、主権と独立を守るため、国民と協力して、領土、領海及び領空を保全し、その資源を確保しなければならない。

第２節　基本的人権の行方

自民党「改正草案」は、日本国憲法の平和主義を変質させるだけではなく、平和的生存権まで否定しているということが確認できたので、日本国憲法の基本的人権についても変質させようとしていることがわかりますが、このことについては、もっと踏み込んで自民党「改正草案」の正体を確認しておきましょう。

◆天賦人権説の否定

まず注目すべきは、天賦人権説の否定です。自民党「Ｑ＆Ａ」は、「今回の草案では、日本にふさわしい憲法改正草案とするため、まず、翻訳口答調の言い回しや天賦人権説に基づく規定振りを全面的に見直しました。」と解説しています（Ｑ２の答）。また、別のところでは次のように解説されています（Ｑ13の答）。

「権利は、共同体の歴史、伝統、文化の中で徐々に生成されてきたものです。したがって、人権規定も、我が国の歴史、文化、伝統を踏まえたものであることも必要だと考えます。現行憲法の規定の中には、西欧の天賦人権説に基づいて規定されていると思われるものが散見されることから、こうした規定は改める必要があると考えました。

例えば、憲法11条の『基本的人権は、…現在及び将来の国民に与へられる』という規定は、『基本的人権は侵すことのできない永久の権利である』と改めました。」

この解説によると、自民党「改正草案」が天賦人権説を否定したいことがわかります（ただし、ここで、基本的人権が「侵すことのできない永久の権利」という文言を残しながら「現在及び将来の国民に与へられる」という文言を削除し、これをもって天賦人権説を否定したと解説しているのは不可解です）。

また、前記解説では「人権規定も、我が国の歴史、文化、伝統を踏まえたものであることも必要だ」と述べていることから、実質的には基本的人権の理念を否定しようとしていることが伺えます。というのは、大日本帝国憲法では、基本的人権という理念はなかったからです。

そこで、さらに注目すべきは、日本国憲法の最高法規の章に規定されている第97条が自民党「改正草案」で全面削除されている点です。第97条は最高法規の章で、基本的人権が「人類の多年にわたる自由獲得の努力の成果」であり「過去幾多の試錬に堪へ」てきたからこそ「現在及び将来の国民に対し、侵すことのできない永久の権利として信託されたものである」と定めています。つまり、人権保障が人権獲得闘争の結果だからこそ、その基本的人権を保障している日本国憲法は最高法規であるということを将来の国民にも知らせてもいるのです。ですから、第97条は、基本的人権生成の歴史を踏まえて日本国憲法が最高法規と評されることを教示した、とても重要な条文なのです。

それなのに自民党「改正草案」がその規定を削除しているのは、自民党が「基本的人権を保障しているから日本国憲法が最高法規である」という考えを否定すると同時に、「人権保障が人類の獲得闘争の結果である」ことを国民に知られたくないからなのでしょう。ここには、「人権は国家の判断で国民に与えられるものにすぎない」という本音が隠されているのではないでしょうか。これは実質的には基本的人権を否定していることを意味しています。

日本国憲法	自民党「日本国憲法改正草案」
第11条　国民は、すべての基本的人権の享有を妨げられない。この憲法が国民に保障する基本的人権は、侵すことのできない永久の権利として、現在及び将来の国民に与へられる。	**（基本的人権の享有）** **第11条**　国民は、全ての基本的人権を享有する。この憲法が国民に保障する基本的人権は、侵すことのできない永久の権利である。
第97条　この憲法が日本国民に保障する基本的人権は、人類の多年にわたる自由獲得の努力の成果であって、これらの権利は、過去幾多の試錬に堪へ、現在及び将来の国民に対し、侵すことのできない永久の権利として信託されたものである。	削除

日本国憲法第97条の削除につき、自民党「Q&A増補版」は、同条が「現行憲法11条と内容的に重複していると考えたために削除した」と弁明しています（Q45の答）。しかし、これでは、前述した日本国憲法が最高法規である実質的な理由を理解していないことになります。本音は、やはり「人権は国家の判断で国民に与えられるものにすぎない」という意図を隠したいからでしょう。

◆責任・義務を伴う自由・権利

自民党「改正草案」では、基本的人権の制約原理を変更している点からも、基本的人権を根本的に変質させようとしていることが判明します。

このことは、第一に、「改正草案」が総論規定（第12条）に、日本国憲法にはなかった「自由及び権利には責任及び義務が伴う」という一文を挿入させていることからも明らかです。

そもそも憲法の保障する「自由及び権利」が必然的に「責任及び義務」を伴うはずがありません。自由や権利の行使に法的義務を伴うようであれば、それは基本的人権ではありません。それゆえ、自民党「改正草案」は、基本的人権という表現を使用していても、実質的には基本的人権の保障を否定しようとしているのです。

◆基本的人権の制約原理の本質的変更

第二は、基本的人権の制約原理そのものの変更です。日本国憲法は、人権を制約するものとして第

12条及び第13条で「公共の福祉」を採用していますが、両条項以外で「公共の福祉」が明記されているのは、主に経済的自由権が保障されている第22条（職業選択の自由）及び第29条（財産権）です。第12条・第13条の「公共の福祉」は、人権の総論的な規定ですから、すべての人権に妥当する制約です。一方、第22条・第29条の「公共の福祉」は、日本国憲法が社会権を保障したがゆえに、それとの相関関係で経済的自由権が制約されることになるから（居住・移転の自由や国籍離脱の自由は別）、あえて明記されているのです。

したがって、「公共の福祉」という表現は、同じであっても、その憲法上の意味は異なるのです。日本国憲法第12条・第13条の「公共の福祉」はすべての基本的人権に妥当するがゆえに、そもそも人権が存続するために人権内部に必然的に存在している制約です。基本的人権を複数の者が行使し、それらが衝突した場合に、それを調整するのが、その典型です。

一方、日本国憲法22条・第29条の「公共の福祉」は経済的弱者を保護するために大きな経済活動に対する制約です。国家が政策的な判断で経済的自由権を制約できるのがその典型です（ただし、生活手段についての財産権と生産手段についての財産権とは区別して考える必要があり、ここでの対象はとりわけ後者です）。

ところが、自民党「改正草案」は、その「公共の福祉」を「公益及び公の秩序」に変更しているのです。この変更について「Q＆A」は次のように解説しています（Q14の答）。

「従来の『公共の福祉』という表現は、その意味が曖昧で、分かりにくいものです。そのため学説上は『公共の福祉は、人権相互の衝突の場合に限って、その権利行使を制約するものであって、個々の人権を超えた公益による直接的な権利制約を正当化するものではない』などという解釈が主張されています。

今回の改正では、このように意味が曖昧である『公共の福祉』という文言を『公益及び公の秩序』と改正することにより、憲法によって保障される基本的人権の制約は、人権相互の衝突の場合に限られるものではないことを明らかにしたものです。」

ここでは、基本的人権の制約を「人権相互の衝突の場合」（つまり内在的制約）に限定しないことが正直に告白されています。したがって、自民党「改正草案」は、基本的人権を日本国憲法の保障するものとは本質的に異なるものにし、国家による制約を内在的制約を超えて、広く国家の政治的・政策的な判断で人権を制約できるようとしているのです。

自民党「Q＆A増補版」は、「我が国も批准している国際人権規約でも『……公の秩序……』という人権制約原理が明示されている」と弁明している（Q15の答）のですが、その「増補版」でも、「憲法によって保障される基本的人権の制約は、人権相互の衝突の場合に限られるものではないことを明らかにした」という説明はそのまま維持され残っています。

一方、自民党「改正草案」は営業の自由を帰結する職業選択の自由から「公共の福祉」を削除し、「公益及び公の秩序」も盛り込んでいません。大企業の経済活動を規制する場合の憲法上の根拠を削除したかったのでしょう。これは、自民党のスポンサーである大企業の利益を踏まえたもので、自民党が国民政党ではなく、財界政党であることを如実に示すものです（参照、上脇博之『財界主権国家、ニッポン』日本機関紙出版センター・２０１４年）。

自民党「日本国憲法改正草案」	日本国憲法
（国民の責務） **第12条**　この憲法が国民に保障する自由及び権利は、国民の不断の努力により、保持されなければならない。国民は、これを濫用してはならず、自由及び権利には責任及び義務が伴うことを自覚し、常に公益及び公の秩序に反してはならない。	**第12条**　この憲法が国民に保障する自由及び権利は、国民の不断の努力によって、これを保持しなければならない。又、国民は、これを濫用してはならないのであって、常に公共の福祉のためにこれを利用する責任を負ふ。
（人としての尊重等） **第13条**　全て国民は、人として尊重される。生命、自由及び幸福追求に対する国民の権利については、公益及び公の秩序に反しない限り、立法その他の国政の上で、最大限に尊重されなければならない。	**第13条**　すべて国民は、個人として尊重される。生命、自由及び幸福追求に対する国民の権利については、公共の福祉に反しない限り、立法その他の国政の上で、最大の尊重を必要とする。

第22条 何人も、公共の福祉に反しない限り、居住、移転及び職業選択の自由を有する。 2 何人も、外国に移住し、又は国籍を離脱する自由を侵されない。	**（居住、移転及び職業選択等の自由等）** **第22条** 何人も、居住、移転及び職業選択の自由を有する。 2 全て国民は、外国に移住し、又は国籍を離脱する自由を有する。
第22条 財産権は、これを侵してはならない。 2 財産権の内容は、公共の福祉に適合するやうに、法律でこれを定める。	**（財産権）** **第29条** 財産権は、保障する。 2 財産権の内容は、公益及び公の秩序に適合するように、法律で定める。この場合においては、知的財産権については、国民の知的創造力の向上に資するように配慮しなければならない。

◆二重の制限

そのうえ、自民党「改正草案」は総論的な規定である第12条・第13条とは別に、あえて個々の自由権を保障している規定の中で「公益及び公の秩序」を挿入している規定があります。つまり、総論的な制約に加えて当該自由権をさらに（＝二重に）制約しようとしているのです。それが「結社の自由」

に対する制約で、「公益及び公の秩序を害することを目的とした活動を行い、並びにそれを目的として結社」そのものの結成が禁止されるのです（第21条第2項）。

その結果、「結社」については、①第21条第2項により、政権が敵視する現存の結社（反体制的な結社）は、「公益及び公の秩序」を害するものとして、解散させられてしまいかねませんし、今から、政権が敵視しような「結社」を結成しようとしても、結成そのものが禁止されるおそれがあります。

また、②それ以外の結社については、解散または禁止されなくても、その活動は、第12条・第13条により、他の者の人権行使と衝突する場合だけではなく、国の政治的判断で「公益及び公の秩序」に反すると判断されると制約を受けることになります。

自民党「Q＆A増補版」は、「この規定をもって、公益や公の秩序を害する直接的な行動及びそれを目的とした結社以外の表現の自由が制限されるわけではありません」と弁明しています（Q18の答）が、これは全く懸念を払拭する説明ではありません。むしろ、自民党「Q＆A増補版」は、「その禁止する対象を『活動』と『結社』に限定しています。『活動』とは、公益や公の秩序を害する直接的な行動を意味し、これが禁じられることは、極めて当然のことと考えます。また、そういう活動を行うことを目的として結社することを禁ずるのも、同様に当然のことと考えます。」と説明しています（Q18の答）から、私の指摘する二重の制限を認めていることになります。

そうすると、やはり、政権が敵視する反体制的な既存の結社は「公益及び公の秩序」を害するものとして解散させられ、そのような結社を結成することそのものが禁止されるおそれがあるのです。

日本国憲法	自民党「日本国憲法改正草案」
第21条　集会、結社及び言論、出版その他一切の表現の自由は、これを保障する。	**（表現の自由）** **第21条**　集会、結社及び言論、出版その他一切の表現の自由は、保障する。 2　前項の規定にかかわらず、公益及び公の秩序を害することを目的とした活動を行い、並びにそれを目的として結社をすることは、認められない。

◆「政党法」制定可能に！

日本国憲法は、政党について、特別に条項を有してはいませんので、政党も結社の一つとして結社の自由（第21条）が保障されます。

ところが、自民党「改正草案」は、「政党」について「結社」とは別の条文、それも、統治機構の章（国会の章）に明記しています（第64条の2）。それゆえ、自民党は、国会内政党や体制内政党に対する特権付与と国会外政党や反体制政党に対する冷遇・差別を憲法上許容しようとしているのです。

この点につき、自民党「Q＆A」は、「憲法にこうした規定を置くことにより、政党助成や政党法制定の根拠になると考えます。政党法の制定に当たっては、党内民主主義の確立、収支の公開などが焦点になるものと考えられます。」と解説しています（Q23の答）。

ここでの「収支の公開」の説明は明らかに間違いです。政治資金の収支の公開は政党だけではなく政治団体も公開されるべきで、現行の政治資金規正法ではそう規定されています。

一方、「政党助成や政党法制定の根拠になる」という説明は極めて重要です。自民党が内心では、現行の政党助成法が違憲であり、政党法を制定すれば違憲になると考えているから、「政党」条項を国会の章に新設しようとしていることがわかります。

また、党内民主主義については、政治論としては許容されても、自由権の保障からは許容されず、各政党の自律的な判断に許されるべきです。自民党が党内民主主義の保障を口実に政党法を制定しようと目論んでいるのでしょう。

いずれにせよ、「改正草案」では、違憲である政党助成法も「合憲」になり、反体制政党を弾圧する恐れのある政党法の制定も憲法上許容されることになるのです。そうすると、国民代表のあり方まで日本国憲法のそれから大きく変質することでしょう。

自民党「日本国憲法改正草案」の「政党」の規定

第4章　国会

（政党）

第64条の二　国は、政党が議会制民主主義に不可欠の存在であることに鑑み、その活動の公正の確保及びその健全な発展に努めなければならない。
2 政党の政治活動の自由は、保障する。
3 前2項に定めるもののほか、政党に関する事項は、法律で定める。

◆「個人の尊重」は削除

前述の第13条については、「公共の福祉」とは別の箇所の変更も気になります。日本国憲法は、「すべて国民は、個人として尊重される。」と定めていますが、自民党「改正草案」は、「全て国民は、人として尊重される。」とし、「個人」を「人」に変更しているからです。

これについては、「個人」が「人」に変わっただけで本質的には変更はないと受けとめるのか、それとも、「個人」が「人」に変えられてしまい本質的に変更されてしまったと受けとめるかで、意味が全く異なる可能性があります。

自民党「改正草案」は、前文で「日本国民は、…和を尊び」と明記しているので、「個人」を「人」に変更しているのは、やはり特別の意味があるように思われます。したがって、自民党「改憲草案」は、いわゆる個人主義（利己主義ではない）を否定しようとしていることになります。

戦前の大日本帝国憲法の下では、天皇制ファシズム・全体主義が国家・社会を支配しました。そこでは、そもそも基本的人権の保障がなく、個人を尊重することもなく、それが侵略戦争を反対する人々の弾圧を容易にしてきました。それを憲法レベルで反省して日本国憲法は個人の尊重を保障したのです。

にもかかわらず、自民党「改憲草案」がこれを再度否定しているのは、「戦争できる国家」「戦争する国家」づくりを徹底させたいからでしょう。

◆家制度への回帰か⁉

個人主義の否定に関連して、自民党「改正草案」が、日本国憲法が第24条で保障した、婚姻の自由、家庭における「個人の尊厳」と「両性の本質的平等」についても、それらを実質的に保障しない方向に向かおうとしていることも、確認しておきましょう。

自民党「改正草案」では、それらの文言は残されていますが、あえて、前文において「和を尊び、家族や社会全体が互いに助け合って国家を形成する」という文言が書き加えられ、かつ第24条では、婚姻の自由の保障で「両性の合意のみに基いて成立し」という条文から「のみ」を削除し、家庭に関する立法の際「個人の尊厳と両性の本質的平等」に立脚すべき事項から「配偶者の選択、財産権、相続、住居の選定」を除外し、「家族は、互いに助け合わなければならない」と明記されています。

それゆえ、自民党「改正草案」では、第13条の個人主義が否定されていることも踏まえれば、婚姻の自由、家庭内の「個人の尊厳」および「両性の本質的平等」が実質的に保障されなくなるのは、どう考えても必至でしょう。

以上の批判を意識したようで、自民党「Q＆A増補版」は、「改正草案」が「家族は、互いに助け合わなければならない」と明記したことについて、「個人と家族を対比して考えようとするものでは、全くありません。」「また、この規定は、家族の在り方に関する一般論を訓示規定として定めたものであり、家族の形について国が介入しようとするものではありません。」と弁明しています（Q20の答）。しかし、法的効力を有する憲法の規定が「訓示規定」と解される保証はどこにもありません。むしろ、そうとは解されず、それを根拠に法律で家族の在り方に国が介入する恐れは十分あります。

そもそも日本国憲法が第13条のほかに第24条であえて家庭内に人権保障を入れ込んだのは、戦前の家制度（家父長的身分制度）が「配偶者の選択、財産権、相続、住居の選定」について家族の人格の尊重、女性の尊厳を否定しており、ひいては民主主義の育成を阻害していたからです。つまり、戦前は、本書第1章で解説したように、家庭内では戸主が中心となり男尊女卑の思想が支配し、「身分的な不平等と固定的な序例」が家庭内で存在し、個人の尊厳も両性の本質的平等も保障されていなかったため、個人の尊重と平等に立脚する民主主義が育成されなかったのです。

「ポツダム宣言」は、「日本国軍隊ノ完全ニ武装ヲ解除セラレタル後各自の家庭ニ復帰シ……」「……日本国国民ノ間ニ於ケル民主主義的傾向ノ復活強化……」を求めていました。民主主義を育成するには、まず、家庭内の各人が家制度から解放される必要があったからこそ、日本国憲法は、家庭に関する立法の際に個人の尊厳も両性の本質的平等」を要求したのです。

それゆえ自民党「改正草案」がこれを再度実質的に否定していることは、家庭内における個人、特に女性の尊厳と民主主義にとって極めて重大な問題をはらんでいます。

日本国憲法	自民党「日本国憲法改正草案」
	（前文） 日本国民は、国と郷土を誇りと気概を持って自ら守り、基本的人権を尊重するとともに、和を尊び、家族や社会全体が互いに助け合って国家を形成する。
第24条　婚姻は、両性の合意のみに基いて成立し、夫婦が同等の権利を有することを基本として、相互の協力により、維持されなければならない。 2　配偶者の選択、財産権、相続、住居の選定、離婚並びに婚姻及び家族に関するその他の事項に関しては、法律は、個人の尊厳と両性の本質的平等に立脚して、制定されなければならない。	**（家族、婚姻等に関する基本原則）** **第24条**　家族は、社会の自然かつ基礎的な単位として、尊重される。家族は、互いに助け合わなければならない。 2　婚姻は、両性の合意に基づいて成立し、夫婦が同等の権利を有することを基本として、相互の協力により、維持されなければならない。 3　家族、扶養、後見、婚姻及び離婚並びに親族に関するその他の事項に関しては、法律は、個人の尊厳と両性の本質的平等に立脚して、制定されなければならない。

◆奴隷的拘束を許容

日本国憲法は、第18条第1文で、「何人も、いかなる奴隷的拘束も受けない。」と定めています。これは、絶対的禁止であり、例外は認められません。

ところが、自民党「改正草案」は、「いかなる奴隷的拘束」を削除し、「その意に反すると否とにかかわらず、社会的又は経済的関係において身体を拘束されない」と改めています。これでは、身体の拘束の禁止をあえて「社会的又は経済的関係」に限定しており、「社会的又は経済的関係以外における身体の拘束」を許容し、あるいはまた奴隷的拘束を許容しているように解されます。もちろん、「奴隷的拘束」は当然許されず禁止していると解することは不可能ではないですが、あえて明記されていたものが削除されるということは、やはり「奴隷的拘束」を許容しているのではないかとの疑念が生じます。

以上のような批判を受けて、自民党「Q＆A増補版」は、次のように弁明しています（Q16の答）。「『奴隷的拘束』という表現は、歴史的に奴隷制を採っていた国に由来すると考えられるため、我が国の憲法になじむような、分かりやすい表現で言い換えたものです。『社会的関係』とはカルト宗教団体のようなものを、『経済的関係』とは身売りのようなことを想定しており、こうした不合理な身体的拘束が本人の同意があっても認められないことは、現行憲法と同様です。規定の表現が変わったからといって、現行規定の意味が変わるものではありません。」

しかし、この説明では、やはり「社会的又は経済的関係以外における身体の拘束」が許容されかねませんし、あるいは、「社会的又は経済的関係における身体の拘束」の禁止は原則的禁止であり例外はありうると解されかねません。例えば、家庭内での「しつけ」を口実にした子どもの身体の拘束がその例です。

日本国憲法	自民党「日本国憲法改正草案」
第18条　何人も、いかなる奴隷的拘束も受けない。又、犯罪に因る処罰の場合を除いては、その意に反する苦役に服させられない。	**（身体の拘束及び苦役からの自由）** **第18条**　何人も、その意に反すると否とにかかわらず、社会的又は経済的関係において身体を拘束されない。 2　何人も、犯罪による処罰の場合を除いては、その意に反する苦役に服させられない。

◆新自由主義的規定と社会権保障後退

次に、日本国憲法が保障している社会権について自民党「改正草案」が、それをどう変質させようとしているのか、見ておきましょう。

第一に、自民党「改正草案」は、生存権の規定を残してはいるものの、前述したように、前文に「和を尊び、家族や社会全体が互いに助け合って国家を形成する」という文言を書き加え、かつ第24条で

「家族は、互いに助け合わなければならない」との規定を新設し、その立法の際「個人の尊厳と両性の本質的平等」に立脚すべき事項から「配偶者の選択、財産権、相続、住居の選定」を除外しています。また、「財政」については、その基本原則として「健全性」を要求する条項を付け加えています（第83条第2項）。

これらの条項は、新自由主義の結果、貧困層が増大しても、国家や地方自治体が貧困者の生活支援を家族に要求できる憲法上の根拠になるでしょう。そうなると、生存権（第25条）を実質的に後退させ、一般庶民に対する課税強化を後押しする機能を営み、ひいては日本が福祉国家になることを否定することに帰着するでしょう。

生活保護法（１９５０年制定）は、日本国憲法第25条の生存権を具体化したものであるにもかかわらず、自公連立政権は、生活保護制度における「老齢加算」を廃止しました（母子加算は２００９年に全廃されたものの、国民の運動により復活）。

また、保護が必要な人たちが福祉事務所の窓口で保護申請する用紙を渡さず、申請させなかったり、あるいは、体調を崩し手持ちのお金もない人に無理な「求職活動」を迫って保護申請を受け付けなかったりするなど、生活保護の申請権を侵害する「水際作戦」を行っている地方自治体があることが発覚しましたが、２０１５年12月、同法「改正」が強行され、これまで口頭でも認めていた生活保護の申請を、福祉事務所が指定した用紙に記入して給与明細などを添付して申請しないと認めないことにし、保護を申請した人の親族に、扶養が可能かどうかを確認するなどのために福祉事務所に強い権限を与えましたので、ますます「水際作戦」が横行しかねません。
自民党「改正草案」はこの「水際作戦」さえも「合憲」化しかねません。これでは、生存権は実質的に保障されないことになります。

第二に、自民党「改正草案」は、教育を受ける権利について新たに「国は、教育が国の未来を切り拓く上で欠くことのできない」として「教育環境の整備に努めなければならない」との規定を加えています（第26条第3項）。これは、教育を国民のためというよりも国のためのものとし、「教育環境の整備」を口実に国が教育内容に介入できる憲法上の根拠になるのではないかと危惧されます。

1947年制定の教育基本法は、教育の目的として「個人の尊厳を重んじ、真理と平和を希求する人間の育成」を目指し、「教育の方針」として「学問の自由を尊重」することを掲げ、「教育行政」における「不当な支配」を禁止し、教員の身分の尊重と待遇の適正を求めていました。しかし、2006年12月には、「戦後レジームからの脱却」を目指した安倍晋三内閣のもとで教育基本法「改正」が強行され、「教育の目標」として「学問の自由を尊重しつつ」としながらも（第2条）、「伝統と文化を尊重し、それらをはぐくんできた我が国と郷土を愛する」ことが明記され（同条第5号）、「教育行政は、国と地方公共団体との適切な役割分担及び相互の協力の下」に行われることになり（第16条第1項）、国や地方公共団体はこれを根拠に教育に介入できるようになりました。

これを受け、また、教師の教育能力の低下を口実に、2007年6月には、①義務教育の目標に「公共の精神」などを盛り込み、副校長や主幹教諭などを新設する「改正学校教育法」、②文部科学相に教育委員会への指示・是正要求権を与える「改正地方教育行政法」、③教員免許に有効期間10年の更新制を2009年から導入し、指導が不適切な教員への人事管理を徹底する「改正教員免許法等」という教育三法の制定が強行されました。こうして、学校教育、教師の自由へ国家の介入の途がつくられてきました。「改正草案」は、これらを「合憲」にすることにもなります。

第三に、「改正草案」は労働基本権を保障していますが、公務員の労働基本権については、その全部否定または一部否定を許容しています（第28条第2項）。日本国憲法にはない条項の挿入です。国家公務員や地方公務員については、現行法により、そもそも団結権さえ保障されないもの（警察職員など）もあり、そのほか団体交渉権・団体行動権が不当に制限されているものがあります。

自民党も、現行法の中には公務員の労働基本権に対する制限には不当なものが含まれており、それが違憲であると判断しているようで、自民党「改正草案」はこれを「合憲」にしたいのでしょう。そして、さらにもっと公務員の労働基本権を制限することが許容されてしまう恐れがあります。

要するに、社会権の保障も自由権の保障同様、後退することは必至でしょう。

日本国憲法	自民党「日本国憲法改正草案」
	（教育に関する権利及び義務等） 第26条…　2…

	3　国は、教育が国の未来を切り拓く上で欠くことのできないものであることに鑑み、教育環境の整備に努めなければならない。
第28条　勤労者の団結する権利及び団体交渉その他の団体行動をする権利は、これを保障する。	**（勤労者の団結権等）** **第28条**　勤労者の団結する権利及び団体交渉その他の団体行動をする権利は、保障する。 2　公務員については、全体の奉仕者であることに鑑み、法律の定めるところにより、前項に規定する権利の全部又は一部を制限することができる。この場合においては、公務員の勤労条件を改善するため、必要な措置が講じられなければならない。
第83条　国の財政を処理する権限は、国会の議決に基いて、これを行使しなければならない。	**（財政の基本原則）** **第83条**　国の財政を処理する権限は、国会の議決に基づいて行使しなければならない。 2　財政の健全性は、法律の定めるところにより、確保されなければならない。

公務員の労働基本権

○労働基本権

・憲法第28条で労働者の基本的権利を規定

・労働基本権は、団結権、団体交渉権、争議権の３つの権利から構成

○公務員の労働基本権

・公務員の労働基本権は、その地位の特殊性と職務の公共性にかんがみ、以下のような制約がなされ、これに代わる法定勤務条件の享有、人事院・人事委員会による給与勧告等の代償措置が取られている。

区分		団結権	団体交渉権	争議権
地方公務員	下記以外の職員	○ 職員団体制度（地公法52③、教特法21の５①） （ただし、警察職員、消防職員は、団結が禁止されている（地公法52⑤））	△ 当局と交渉することはできるが、団体協約を締結する権利は有しない（地公法55①・②） （ただし、法令、条例等に抵触しない範囲での書面協定は締結できる。（地公法55⑨））	× 争議行為等は禁止されている（地公法37①）
	公営企業、特定地方独法及び技能労務職員	○ 労働組合制度（地公労法５①） （技能労務職員は職員団体を結成することもできる（地公労法附則⑤））	○ 団体交渉権が保障されている（地公労法７） （ただし、協約の効力には一定の制限がある（地公労法８～10））	× 争議行為は禁止されている（地公労法11①）
国家公務員等	非現業職員	○ 職員団体制度（国公法108の２③） （ただし、警察職員、海上保安庁職員、監獄職員は団結が禁止されている（国公法108の２⑤））	△ 当局と交渉することはできるが、団体協約を締結する権利は有しない（国公法108の５①・②）	× 争議行為等は禁止されている（国公法98②）
	現業及び特定独立行政法人職員	○ 労働組合制度（特独労法４①）	○ 団体交渉権が保障されている（特独労法８） （ただし、協約の効力には一定の制限がある（特独労法16））	× 争議行為は禁止されている（特独労法17①）

注１：　一般職の公務員についてまとめたものである。

２：　地公法は地方公務員法、地公労法は地方公営企業等労働関係法、教特法は教育公務員特例法、国公法は国家公務員法、特独労法は特定独立行政法人等の労働関係に関する法律をそれぞれ指すものである。

出所：総務省ホームページより

第3節　象徴天皇制と国民主権主義の行方

◆象徴天皇制の政治利用

自民党「改正草案」の前文は、日本国憲法の前文で一切言及されていない「天皇」について言及し、かつ、国民主権を言及する前に「国民統合の象徴である天皇を戴く国家」と明記しています。そして天皇を「元首」としています（第1条）。

天皇主権の大日本帝国憲法は天皇を「元首」としていましたが、日本国憲法は天皇主権を国民主権に改め、「元首」の定めを有してはいません。ところが、自民党「改正草案」は「元首」を復活させているのです。まるで君主制です。これは、おそらく保守政権が天皇をもっと政治利用するためでしょう。

また、自民党「改正草案」は、日章旗（日の丸）・君が代を国旗・国歌として、「日本国民は国旗及び国歌を尊重しなければならない」と明記し（第3条）、「一世一元の元号制」を採用しています（第4条）。現在、前者についての法律として「国旗及び国歌に関する法律」がありますが、同法は平和主義と国民主権に反し違憲です。後者についての法律として「元号法」がありますが、同法は国民主権に反し違憲であると理解すべきです。「改正草案」は、内心では、いずれも違憲と認めているがゆえに、両法律を「合憲」にするために改憲を目指しているのです。この改憲が成立すると、いずれも国民への強制がこれまで以上に強化され、人権保障もますます後退し、人権侵害が「合憲」にされかねません。

自民党「改正草案」は、これらの点で2005年「新憲法草案」よりも復古的な性格が強くなっています。その結果として、国民主権主義は後退することになりそうです。

日の丸

「日の丸」は戦国武将たちが「太陽」を意味するものとして使用していたと言われています。「日の丸」の国際的使用は、幕末のペリー来航後に日米和親条約の締結に付随して採った措置の一つと言われています。1854年8月、今後、海上において外国船舶と遭遇することを考慮して、大型船に「白地に日の丸の幟」を挙げることが老中によって指示されました。その後、明治政府は、太政官布告「郵船及び商船規則」（1870年）などを発しましたが、これは、外国船と日本船とを識別するためのものにすぎませんでした。つまり、国民一般との間の関係において「日の丸」を「国旗」としたものではありませんでした。

このことは、大日本帝国憲法の下でも同じであって、「日の丸」は当然に「国旗」と見なされていたわけではありませんでした。その証拠に、1931年には、帝国議会に「大日本帝国国旗法」案が提出され、衆議院を通過しましたが、貴族院では審議未了で廃案となったことからも明らかです。

1894〜95年の日清戦争・1904〜05年の日露戦争以後、学校教育の中で次第に「日の丸」がまるで「国旗」であるかのように教えられるようになりました。戦時中の学校教科書には、「日の丸」について「敵国を追ひはらい、せんりょう（占領）したところに、まっ先に高く立てるのは、やはり日の丸の旗です。」と記述されました。

要するに、大日本帝国憲法の下でも、「日の丸」は、「国旗」として位置づけられていたわけではなかったのですが、侵略戦争を契機に、次第に「日の丸」が「侵略の旗」「国旗」であるとの扱いが当時の日本政府によって行われてきたのです。

ですから、平和憲法である日本国憲法の下では、侵略戦争の象徴であった「日の丸」が国旗になりうるはずがないのです。

君が代

「君が代」の文句は、薩摩班砲兵隊長・大山巌が愛唱していた薩摩琵琶歌（「君が代は千代に八千代に……」）から採ったものであり、その元歌は、古今和歌集（905年）の「読人しらず」の歌（「わがきみはちよにやちよに……」）であるとされ、江戸時代に至るまで、祝い事の席で、「君」の健康を願う歌として普及していたと言われています。

「君が代」の曲は、海軍省が1880年に、式部寮（宮内庁）に軍楽曲にふさわしい曲を依頼して、林弘守の曲に、お雇い教師のドイツ人のエッケルトが編曲し、さらに林が手を加えたものです。

「君が代」は、1880年の天長節＝明治節（明治天皇誕生日、11月3日）の前に、海軍によって演奏されましたが、それは、「国歌」として演奏されたものではなく、皇室用でした。その後も、1893年に文部省告示で、小学校の祝祭日などの儀式の「唱歌用」とされましたが、「国歌」として歌われた訳ではありませんでした。

「君が代」が「国歌」として扱われるようになるのは、日清戦争・日露戦争のころからで、学校教育の場で「君が代斉唱」が「国歌斉唱」となるのは、1931年の「満州事変」を境とする侵略戦争の開始以降であったと言われています。

もっとも、明治以来、国法上、君が代は「国歌」として位置付けられてはおらず、あくまでも学校教育において教育勅語とともに愛国精神の象徴として行われ続けてきました。こうして、「君」とは天皇のことを意味し、天皇の治める社会が永遠に続くようにと願った歌とされてきたのです。

しかし、国民主権、平和主義に日本国憲法のもとでは、「君が代」は「国歌」になりえないのは、明らかです。

　1946年10月9日、文部省令によって、国民学校令施行規則の一部を改正し、式日の行事中、「日の丸」合唱、「御真影奉拝」「教育勅語捧読」などに関する規定が削除されました。これによって、天皇への忠誠を誓うことを目的とした戦前の学校儀式の在り方が否定され、日本国憲法が1946年11月3日に公布され、翌年5月3日に施行されたのです。

　ところが、1999年には、「日の丸（日章旗）」を「国旗」とし、「君が代」を「国歌」とする国旗・国歌法の制定が強行されました。しかし、日本国憲法は、天皇主権から国民主権になり、戦争を放棄する非軍事平和主義となったのですから、その日本国憲法の下では「日の丸」「君が代」が日本の「国旗」「国歌」にふさわしいはずがありません。

　また、国旗・国歌法は、「日の丸」の掲揚と「君が代」の斉唱を強制する条項を定めてもいません。「日の丸」「君が代」の意味を教師が教育の一環として説明することは自由ですが、日本の「国旗」「国歌」にふさわしくないにもかかわらず、国や地方自治体が児童や教師らに「日の丸」「君が代」を強制すれば、教育の自由（憲法第23条）への不当な介入・干渉になり、憲法が保障している〝思想・良心の自由〟（第19条）を侵害することにもなります。

◆国粋主義的排外主義

　その上、自民党「改正草案」は、国政選挙でも地方選挙でも、選挙権者を「日本国籍を有する者」

に限定しています（第15条第3項、第94条第2項）。

外国人の選挙権保障については、日本国憲法のもとで大きな論争がなされてきました（参照、徐龍達編『定住外国人の地方参政権』日本評論社・1992年、定住外国人の地方参政権をめざす市民の会編『定住外国人の地方参政権 共生社会のために』かもがわブックレット119号・1998年、など）。外国人のうち、「永住外国人」あるいは「定住外国人」の選挙権については、かつては、日本国憲法が国民主権主義の立場であることを根拠に、外国人を（その一部の者に対してであれ）選挙権を付与することは違憲であり、法律で選挙権を付与することも日本国憲法が禁止していると解する立場（禁止説）が支配的でした。

しかし、今は、そうではありません。外国人が帰化すれば日本国籍を取得し日本人になるわけですが、それは、法律（国籍法）で決まります。しかし、法律は憲法の下位法です。最高法規（上位法）である憲法の国民主権の「国民」が下位法で決まるのは、法的には逆転しており不合理です。

君主（天皇）主権を否定して国民主権が生まれたということは、主権者君主（天皇）に支配されていた者が、国民主権の主権者「国民」になったわけで、その者には日本国籍を有していた者（日本人）だけではなく、日本に居住している外国籍の者（外国人）も含まれていたのですから、外国人が当然に国民主権の「国民」に含まれないというのは間違いであり、むしろ、上記の理由で含まれるとして日本国憲法が国政・地方ともに永住外国人・定住外国人に選挙権を保障することを要請していると理解する立場（要請説・保障説）があります（浦部法穂『憲法学教室［第3版］』日本評論社・

2016年514～516頁）。私もこの立場です（上脇博之『政党助成法の憲法問題』日本評論社・1999年183～197頁）。

あるいはまた、日本国憲法が永住外国人・定住外国人に選挙権を保障することを積極的に要請してはいないとしても、積極的に禁止もしておらず、法律で保障することを許容しているという立場（許容説）もあります。

もちろん、いずれの立場においても、多重国籍を認める場合を除けば「地球規模で1人1票制」でなければなりませんので、国籍国の選挙権を放棄し、日本での選挙権を取得するのか選択しなければなりません。

最高裁判所は、1995年に、永住外国人につき「法律をもって、地方公共団体の長、その議会の議員等に対する選挙権を付与する措置を講ずることは、憲法上禁止されているものではない」という判断（許容説）を示しています（最高裁1995年2月28日第3小法廷判決）。

しかし、自民党「改正草案」は、その判例さえも無視・否定し、選挙権者を「日本国籍を有する者」に限定してしまっているのです。「改正草案」はこの点で国粋主義的です。この改憲が成立すると、右翼団体の今の外国人排斥の差別的言動（ヘイトスピーチ）をさらに助長することになる恐れもあり、危険です。

◆政教分離原則の骨抜きと国家神道の危険性

さらに、自民党「改正草案」は、「国及び地方自治体その他の公共団体は、特定の宗教のための教育その他の宗教的活動をしてはならない」と規定しながらも、その例外として「社会的儀礼又は習俗的行為の範囲を超えないもの」については「国及び地方自治体その他の公共団体」が「宗教的活動」をすることを許容しています（第20条第3項・第89条）。

日本国憲法は、戦前の国家神道とそれによる信教の自由の侵害を反省して「信教の自由」と政教分離原則を定めましたが、「改正草案」は、侵略戦争を肯定する軍国主義のシンボルでもある靖国神社への大臣らの参拝を「合憲」にし、その結果として、靖国神社をはじめ神社神道に特権を付与することを可能にして、政教分離原則を後退させているのです。そうなると、神道以外の信仰者や無宗教者の「信教の自由」（第20条第1項）も間接的に侵害し、その保障を後退させることになるでしょう。

現に、これにつき自民党「Q＆A」は、「これにより、地鎮祭に当たって公費から玉串料を支出するなどの問題が現に解決されます。」と解説しています（Q19の答）。おそらく、首相ら大臣の靖国神社への公式参拝問題も「解決」されるとの算段でしょう。

靖国神社

靖国神社の前身は招魂社です。招魂社は明治維新における天皇側の戦没者を祀るために１８６９年に設立されました。ですから、たとえば、１８７７年の西南戦争の鹿児島・城山の戦いで敗北し、切腹した西郷隆盛は、祀られてはいません。

招魂社は１８７９年に靖国神社と改称され、軍隊所管のものとされ、戦没者を「護国の英霊」として祀ってきました。

いわゆるA級戦犯14名も１９７８年に合祀されています。日本の侵略戦争の計画、準備、開始、遂行、共同謀議を国際法上の犯罪とする「平和に対する罪」（A級犯罪）が、東京に設置された極東国際軍事裁判（東京裁判）で認定されました。厚生省は、１９６６年、A級戦犯12名（具体的には、絞首刑になった土肥原賢二、広田弘毅、板垣征四郎、木村兵太郎、松井石根、武藤章、東條英機の7名と、判決後、服役中に病死した平沼騏一郎、小磯国昭、白鳥敏夫、東郷茂徳、梅津美治郎の5名）の祭神名票を靖国に送付しました。厚生省援護局と靖国神社は、１９６９年、A級戦犯を合祀することを合意しました。合祀をいつ実施するかについては宮司の決断に委ねられ、旧皇族の筑波藤麿侯爵はA級戦犯合祀を先延ばしにする意向だったようですが、１９７８年3月、筑波が急逝し、同年7月に後任の宮司に就任したのは松平永芳で、松平宮司は「『すべて日本が悪い』という東京裁判史観」を否定しなければならないというイデオロギーを信奉し、同年10月17日、判決を受ける前に病死した松岡洋右と永野修身も含むA級戦犯の14柱を秘密裡に合祀しました。

靖国神社の「遊就館」には、次のように、かつての侵略戦争を「我が国の自存自衛」の戦争と表現し、その戦争に命を捧げた者を「殉国の英霊」と表現し、美化しています。

「明治15年我が国最初で最古の軍事博物館として開館した遊就館は、時にその姿を変えながらも一貫したものがあります。一つは殉国の英霊を慰霊顕彰することであり、一つは近代史の真実を明らかにすることです。

近代国家成立のため、我が国の自存自衛のため、更に世界史的に視れば、皮膚の色とは関係のない自由で平等な世界を達成するため、避け得なかった多くの戦いがありました。それらの戦いに尊い命を捧げられたのが英霊であり、その英霊の武勲、御遺徳を顕彰し、英霊が歩まれた近代史の真実を明らかにするのが遊就館のもつ使命であります。」

自民党は、靖国神社を国営化しようと画策して靖国神社法案を策定し、1960年代終わりから1970年代初めにかけて、その法案を国会に提出し続けましたが、廃案になり、靖国神社の国営化は失敗に終わりました。

そこで、内閣総理大臣等の靖国神社への公式参拝が行われてきました。

しかし、日本国憲法は、信教の自由（第20条）を保障すると同時に政教分離原則を採用しました。「国及びその機関は、宗教教育その他いかなる宗教的活動もしてはならない。」と定めています（第20条第3項）。大臣などが靖国神社を参拝することは、極めて宗教的意義の深い行為であり、憲法が禁止している「宗教的活動」ですから、憲法違反です。

なお、第二次世界大戦で死亡した者の遺骨のうち、身元不明や引き取り手のない遺骨を安置する施設があります。それは、千鳥ケ淵戦没者墓苑であり日本国政府が設置した戦没者慰霊施設です。1959年に創建され、政教分離原則により、特定の宗教宗派に属さない施設です。

自民党「日本国憲法改正草案」

（前文）

日本国は、長い歴史と固有の文化を持ち、国民統合の象徴である天皇を戴く国家であって、国民主権の下、立法、行政及び司法の三権分立に基づいて統治される。

（天皇）

第1条　天皇は、日本国の元首であり、日本国及び日本国民統合の象徴であって、その地位は、主権の存する日本国民の総意に基づく。

（国旗及び国歌）

第3条　国旗は日章旗とし、国歌は君が代とする。

2　日本国民は、国旗及び国歌を尊重しなければならない。

（元号）

第4条　元号は、法律の定めるところにより、皇位の継承があったときに制定する。

（天皇の国事行為等）

第6条　2…　3…　4…
5　第1項及び第2項に掲げるもののほか、天皇は、国又は地方自治体その他の公共団体が主催する式典への出席その他の公的な行為を行う。

（公務員の選定及び罷免に関する権利等）

第15条　公務員を選定し、及び罷免することは、主権の存する国民の権利である。　2…
3　公務員の選定を選挙により行う場合は、日本国籍を有する成年者による普通選挙の方法による。

（地方自治体の議会及び公務員の直接選挙）

第94条　地方自治体には、法律の定めるところにより、条例その他重要事項を議決する機関として、議会を設置する。
2　地方自治体の長、議会の議員及び法律の定めるその他の公務員は、当該地方自治体の住民であって日本国籍を有する者が直接選挙する。

（信教の自由）

第20条　信教の自由は、保障する。国は、いかなる宗教団体に対しても、特権を与えてはならない。
2…
3　国及び地方自治体その他の公共団体は、特定の宗教のための教育その他の宗教的活動をしてはならない。ただし、社会的儀礼又は習俗的行為の範囲を超えないものについては、この限りでない。

（公の財産の支出及び利用の制限）
第89条　公金その他の公の財産は、第20条第3項ただし書に規定する場合を除き、宗教的活動を行う組織若しくは団体の使用、便益若しくは維持のため支出し、又はその利用に供してはならない。

第4節　統治機構と地方自治の行方

◆平等選挙の後退と国会審議の軽視

では次に、自民党「改正草案」は、日本国憲法が規定している統治機構をどのように変質させようとしているのか、見てみましょう。

日本国憲法は「普通選挙」を保障しています。普通選挙においては「一人一票原則」が妥当することになりますから、「平等選挙」は当然の要請です。ですから、「投票価値の平等」も憲法の要請であり（第14条）、国会は、投票価値の不平等が生じないよう選挙制度を決定しなければなりません。

ところが自民党は、衆議院の小選挙区選挙についても参議院の選挙区選挙についても議員定数不均衡問題に対し徹底した是正を行ってきませんでした。

自民党「改正草案」は、新たに「各選挙区は、人口を基本とし、行政区画、地勢等を総合的に勘案して定めなければならない。」と定める条文を盛り込んでいます（第47条）。「行政区画、地勢等」を勘案するとなると、投票価値の平等の保障は後退することになります。つまり、「改正草案」は、議員定数不均衡問題を放置したり、徹底した是正をせず、投票価値の平等を保障しなくても違憲にはならないようにしようとしているのでしょう。

また、自民党「改正草案」は、国会審議を変質させようとしています。まず、日本国憲法は、国会の審議のときも国会の議決のときも定足数を設けています。すなわち、「両議院は、各々その総議員の3分の1以上の出席がなければ、議事を開き議決することができない」（第56条第1項）、「両議院の議事は、…出席議員の過半数でこれを決し…。」（第同条第2項）。

一方、自民党「改正草案」は、国会での議決につき定足数の規定を残してはいるものの、国会での審議については定足数を除外しています。これでは、与党だけで、あるいは極少数の議員だけで、国会審議が可能になってしまいますし、また逆に、与党議員は審議をサボルこともできます。

また、日本国憲法は国務大臣につき「答弁又は説明のため出席を求められたときは、出席しなければならない。」と定めています（第63条）。

しかし、自民党「改正草案」は「職務の遂行上特に必要がある場合」には国務大臣は国会に出席しなくて構わないよう定めています（第63条第2項）。これは、国務大臣の説明責任を果たさせない中で国会審議が強行されることを許容していることになります。

要するに、「改正草案」は、国会審議を軽視し、国会を単なる議決機関にしようとしているのです。

日本国憲法	自民党「日本国憲法改正草案」
第47条　選挙区、投票の方法その他両議院の議員の選挙に関する事項は、法	**（選挙に関する事項）** **第47条**　選挙区、投票の方法その他両議院の議員の選挙

律でこれを定める。	に関する事項は、法律で定める。この場合においては、各選挙区は、人口を基本とし、行政区画、地勢等を総合的に勘案して定めなければならない。
第56条 両議院は、各々その総議員の3分の1以上の出席がなければ、議事を開き議決することができない。 2 両議院の議事は、この憲法に特別の定のある場合を除いては、出席議員の過半数でこれを決し、可否同数のときは、議長の決するところによる。	**（表決及び定足数）** **第56条** 両議院の議事は、この憲法に特別の定めのある場合を除いては、出席議員の過半数で決し、可否同数のときは、議長の決するところによる。 2 両議院の議決は、各々その総議員の3分の1以上の出席がなければすることができない。

◆合議体としての内閣から首相中心の内閣へ

次に内閣です。日本国憲法の内閣は合議体であり、内閣の意思は閣議で決定されることになります。それゆえ、「行政権は、内閣に属する」と定め（第65条）、内閣総理大臣が「行政各部を指揮監督する」と定めているものの、それは、あくまでも「内閣を代表して」です（第72条）。

ところが、自民党「改正草案」は「行政権は、この憲法に特別の定めのある場合を除き、内閣に属する。」

と改め（第65条）、「内閣総理大臣は、行政各部を指揮監督し、その総合調整を行う。」と改めています（第72条）。後者につき自民党「Q＆A」は「今回の草案では、内閣総理大臣が単独で（閣議にかけなくても）、行政各部の指揮監督、総合調整ができると規定したところです。」と解説しています（Q24の答）。

また、日本国憲法の下では衆議院の解散権は内閣の権限ですが、自民党「改正草案」は内閣総理大臣に解散権を独占させています（第54条）。

さらに、自民党「改正草案」は、戦争放棄を放棄して、戦争をするための「国防軍」（第9条の2）を創設している関係で、内閣総理大臣を「国防軍」の「最高指揮官」としています（第9条の2、第72条第3項）。

自民党「Q＆A増補版」は、「この憲法に特別の定めのある場合」として「①行政各部の指揮監督・総合調整権（72条1項）、②国防軍の最高指揮権（9条の2第1項、72条3項）、③衆議院の解散の決定権（54条1項）」を挙げ、「以上の3つの権限は、総理一人に属する権限であり、行政権が合議体としての内閣に属することの例外となるもので」あり、「内閣総理大臣の『専権事項』」と表現しています（Q29の答）。

しかし、これでは、内閣総理大臣の権限が異常に強大化されてしまい、「例外」がむしろ原則になりうる可能性が高いでしょう。国防軍の最高指揮権と衆議院の解散の決定権を独占する首相は、他の大臣に対し絶大な支配権を有することになるからです。ですから、憲法で首相公選制を採用しないまま首相の権限はまるで首相公選制を採用しているかのように強大な権限になってしまいかねません。

そうなると、合議体である内閣の意思決定が変質するのは必至であり、ひいては議院内閣制までもが変質してしまうでしょう。

　以上以外に、「大臣」については、すでに指摘したように、自民党「改正草案」は、大臣になれない者を「現役の軍人」に限定している（第66条第2項）ので、文民統制を骨抜きにしています。

日本国憲法	**自民党「日本国憲法改正草案」**
	（衆議院の解散と衆議院議員の総選挙、特別国会及び参議院の緊急集会） **第54条**　衆議院の解散は、内閣総理大臣が決定する。
第63条　内閣総理大臣その他の国務大臣は、両議院の一に議席を有すると有しないとにかかはらず、何時でも議案について発言するため議院に出席することができる。又、答弁又は説明のため出席を求められたときは、出席しなければならない。	**（内閣総理大臣等の議院出席の権利及び義務）** **第63条**　内閣総理大臣及びその他の国務大臣は、議案について発言するため両議院に出席することができる。 2　内閣総理大臣及びその他の国務大臣は、答弁又は説明のため議院から出席を求められたときは、出席しなければならない。ただし、職務の遂行上特に必要がある場合は、この限りでない。

第65条　行政権は、内閣に属する。	**第65条**　行政権は、この憲法に特別の定めのある場合を除き、内閣に属する。
第72条　内閣総理大臣は、内閣を代表して議案を国会に提出し、一般国務及び外交関係について国会に報告し、並びに行政各部を指揮監督する。	**（内閣総理大臣の職務）** **第72条**　内閣総理大臣は、行政各部を指揮監督し、その総合調整を行う。 2　… 3　内閣総理大臣は、最高指揮官として、国防軍を統括する。

◆司法権の独立の骨抜きと国民審査の軽視

次は裁判所です。日本国憲法は、司法権の独立（裁判所の独立と個々の裁判・裁判官の独立）を守るために裁判官の身分保障の一環として裁判官の在任中の報酬減額を禁止しています（第79条第6項、第80条第2項）。

ところが、自民党「改正草案」は「分限又は懲戒による場合及び一般の公務員の例による場合」には例外的に裁判官の報酬減額を認めています（第79条第5項、第80条第2項）。これでは、裁判官の身分保障を後退させ、「司法権の独立」も後退させることになるでしょう。

さらに気になるのは、最高裁の裁判官に対する国民審査です。日本国憲法は、「任命後初めて行はれる衆議院議員総選挙の際国民の審査に付し、その後10年を経過した後初めて行はれる衆議院議員総選挙の際更に審査に付し、その後も同様とする。」と定めています。

ところが、自民党「改正草案」は「任命後、法律の定めるところにより、国民の審査を受けなければならない」と定めるだけです（第79条第2項）。日本国憲法では、最高裁裁判官が定年に達するまでは複数回の国民審査を受ける可能性がありますが、「改正草案」では1回しか受けないことにしても違憲にはならないことになります。そうなると、国民主権主義の後退になるでしょう。

また、下級裁判所の裁判官の再任についても、日本国憲法は任期を「10年」と定めているのに対し自民党「改正草案」はその期間を「法律」に委ねています（第80条第1項）。法律の定める期間次第では、裁判官の身分保障が手厚くなるのか後退するのか決まりそうで、裁判官にとっては不安でしょうし、「司法権の独立」の将来を左右するでしょう。

さらに、前述したように自民党「改正草案」は国防軍に審判所（いわゆる軍法会議）を設置することを認めている（第9条の2第5項）ので、日本国憲法が禁止している特別裁判所の設置を「合憲」にしています（軍法会議を特別裁判所とみなしてもいないようです）。

日本国憲法	自民党「日本国憲法改正草案」
第79条…	**（最高裁判所の裁判官）** **第79条**…
2　最高裁判所の裁判官の任命は、その任命後初めて行はれる衆議院議員総選挙の際国民の審査に付し、その後10年を経過した後初めて行はれる衆議院議員総選挙の際更に審査に付し、その後も同様とする。3…　4…　5…	2　最高裁判所の裁判官は、その任命後、法律の定めるところにより、国民の審査を受けなければならない。 3…　4…
6　最高裁判所の裁判官は、すべて定期に相当額の報酬を受ける。この報酬は、在任中、これを減額することができない。	5　最高裁判所の裁判官は、全て定期に相当額の報酬を受ける。この報酬は、在任中、分限又は懲戒による場合及び一般の公務員の例による場合を除き、減額できない。
第80条　下級裁判所の裁判官は、最高裁判所の指名した者の名簿によつて、内閣でこれを任命する。その裁判官は、任期を10年とし、再任されることができる。但し、法律の定め	**（下級裁判所の裁判官）** **第80条**　下級裁判所の裁判官は、最高裁判所の指名した者の名簿によって、内閣が任命する。その裁判官は、法律の定める任期を限って任命され、

る年齢に達した時には退官する。
2　下級裁判所の裁判官は、すべて定期に相当額の報酬を受ける。この報酬は、在任中、これを減額することができない。

再任されることができる。ただし、法律の定める年齢に達した時には、退官する。
2　前条第5項の規定は、下級裁判所の裁判官の報酬について準用する。

◆住民自治・団体自治の軽視へ

最後に地方自治です。日本国憲法は地方公共団体について「地方自治の本旨」に基づき法律で定めるとし（第92条）、地方自治法は、「地方公共団体は、普通地方公共団体及び特別地方公共団体とする。」と定め（第1条の3第1項）、「普通地方公共団体は、都道府県及び市町村とする。」（同条第2項）と定めています（なお、特別地方公共団体は、特別区、地方公共団体の組合、財産区及び地方開発事業団とする。）と定めています（同条第3項）。

ところが、自民党「改正草案」は、「地方自治体」について「基礎地方自治体及びこれを包括する広域地方自治体とすることを基本」とすると定めています（第93条第1項）。これについて自民党「Q&A」は「道州制については、今回の憲法改正草案には直接盛り込みませんでした」が「道州はこの草案の広域地方自治体に当たり、この草案のままでも、憲法改正によらずに立法措置により道州制の導入は可能であると考えています」と説明しています。

しかし、住民自治は広域でない方が機能しやすいので、広域地方自治体になると、地方自治の本旨の一つである住民自治は後退することでしょう。また、沖縄県は、普天間基地問題を理由に名護市辺野古に新基地を建設することに反対してきたにもかかわらず、安倍政権は、その反対の意向を無視して基地建設を強行しています。このことが示しているように、自民党「改正草案」は、地方自治の本旨のもう一つである団体自治をも沖縄県から奪うことになるでしょう。もちろん、これは、沖縄県だけではなく、他の地方自治体の団体自治を奪うことにもなります。

また、「道州制」は新自由主義の推進を主張し続けている経済界が提案していますし、自民党「改正草案」はさらに「国及び地方自治体は…協力しなければならない。」としています(同条第3項)。これは、福祉国家を否定するとともに、地方自治体は、相互に協力しなければならない。地方自治体の独自性・自治性を実質的に否定しており、地方自治は本質的に変質させられてしまうことにもなるでしょう。

日本国憲法	自民党「日本国憲法改正草案」
	（地方自治の本旨） 第92条　地方自治は、住民の参画を基本とし、住民に身近な行政を自主的、自立的かつ総合的に実施することを旨として行う。

	2　住民は、その属する地方自治体の役務の提供を等しく受ける権利を有し、その負担を公平に分担する義務を負う。
第92条　地方公共団体の組織及び運営に関する事項は、地方自治の本旨に基いて、法律でこれを定める。	**（地方自治体の種類、国及び地方自治体の協力等）** **第93条**　地方自治体は、基礎地方自治体及びこれを包括する広域地方自治体とすることを基本とし、その種類は、法律で定める。 2　地方自治体の組織及び運営に関する基本的事項は、地方自治の本旨に基づいて、法律で定める。 3　国及び地方自治体は、法律の定める役割分担を踏まえ、協力しなければならない。地方自治体は、相互に協力しなければならない。

第5節　緊急事態条項の新設

◆「国の唯一の立法機関」の骨抜き

以上、2012年の自民党「改正草案」について総合的に取り上げ、個々具体的に分析し、その各危険性を指摘しましたが、危険性は以上で終わりません。

さらに注目すべきことは、衆議院が解散しているときに緊急の必要があれば内閣が参議院の緊急集会を求めることができる（日本国憲法第54条第2項）にもかかわらず、自民党「改正草案」が緊急事態条項を新設していることです。これは、人権保障の点でも統治機構の点でも、大日本帝国憲法の立場に近づくのですが、それ以上に危険な側面もあります。

自民党「改正草案」の緊急事態条項には、「法律の定めるところにより」という文言が7カ所もあり、「法律」の内容・定め方次第で、その危険性の質とその程度が決まるという問題点をはらんでいます。また、それ以外に、少なくとも次のような問題点が指摘できます。

第一に、自民党「改正草案」は、「内閣総理大臣は、我が国に対する外部からの武力攻撃、内乱等による社会秩序の混乱、地震等による大規模な自然災害」などの「緊急事態の宣言」を発することができるとしています（第98条第1項）。ここで、「地震等による大規模な自然災害」を挙げていますが、これへの対処は、現行の「災害対策基本法」で可能で、憲法改正する必要はありません。それゆえ、「改正草案」の主眼は、「我が国に対する外部からの武力攻撃、内乱等」を口実にした緊急事態の宣言です。

内閣総理大臣が「緊急事態の宣言」を発すると、「改正草案」は、「内閣は法律と同一の効力を有する政令を制定することができる」、「内閣総理大臣は財政上必要な支出その他の処分を行い、地方自治体の長に対して必要な指示をすることができる」としています（第99条第1項）。前者は、法律がなくても政令を制定できるし、法律と矛盾する政令を制定でき、その政令に法律と同一の効力を認めるものです。

日本国憲法は国会を「国の唯一の立法機関」と定めており（第41条）、これには、二つの意味があります。一つは、国会の議決だけで（つまり国会以外の国家機関の関与なしで）法律が成立するという意味です（国会単独立法の原則）。これは国民主権主義に基づく国会の代表機関性からの当然の帰結です。もう一つは、法律を制定する権限（立法権）を国会に独占させ、国会以外の国家機関が立法することを認めないことを意味しています（国会中心立法の原則）。それゆえ、日本国憲法は、行政権・内閣による独自の立法を認めてはおらず、大日本帝国憲法における主権者天皇の緊急勅令（第8条）や独立命令（第9条）を否定しているのです。

もっとも、国会中心立法の原則は、行政権による立法への関与を一切否定するわけではなく、国会の制定した法律を執行するための命令（執行命令）や法律によって委任された事項を定める命令（委任命令）を許容していますが、執行命令は法律の枠を超えたり、法律に違反する命令は許されませんし、委任命令も、法律が委任事項について個別・具体的に定めておらず、ほとんどその内容を行政任せにすること（白紙委任）は許されません。これは、三権分立制から帰結される当然の原則です。

ところが、自民党「改正草案」は、国会が「国の唯一の立法機関」であるという定めを残しながらも、法律と矛盾する政令を制定でき、その政令に法律と同一の効力を認めているのです。これは、国会単独立法の原則に反します。たとえ法律の委任があっても白紙委任になる可能性が高いので、その場合には、国会中心立法原則に反することになり、いずれにせよ、大日本帝国憲法の緊急勅令に匹敵し、国会の「国の唯一の立法機関」性の骨抜きになることは必至でしょう。

◆人権制限

第二の問題は、「緊急事態の宣言」による人権制限です。自民党「改正草案」は、「何人も、法律の定めるところにより、…国民の生命、身体及び財産を守るために行われる措置に関して発せられる国その他公の機関の指示に従わなければならない。」と定め、法律の委任さえあれば内閣総理大臣が緊急事態を宣言すると内閣の政令で人権を制限できるというのです（第99条第3項）。これにつき「Q&A」の解説で確認しておきます（Q36の答）。

「99条3項で、緊急事態の宣言が発せられた場合には、国民は、国や地方自治体等が発する国民を保護するための指示に従わなければならないことを規定しました。現行の国民保護法において、こうした憲法上の根拠がないために、国民への要請は全て協力を求めるという形でしか規定できなかったことを踏まえ、法律の定める場合には、国民に対して指示できることとするとともに、それに対する国民の遵守義務を定めたものです。『国民の生命、身体及び財産を守るために行われる措置』という部分は、党内議論の中で、『国民への指示は何のために行われるのか明記すべきだ。』という意見があり、それを受けて規定したものです。

後段の基本的人権の尊重規定は、武力攻撃事態対処法の基本理念の規定（同法3条4項後段）をそのまま援用したものです。…国民の生命、身体及び財産という大きな人権を守るために、そのため必要な範囲でより小さな人権がやむなく制限されることもあり得るものと考えます。」

このように「改正草案」では、緊急事態の宣言効果により、「大きな人権を守る」ということを口実にして「より小さい人権」の制限が許容されているのです。基本的人権の制約は、本来、量的問題としてではなく、質的な問題として、その制約の可否（是非）を論じるべきですが、自民党「改正草案」は、質の問題ではなく、量の問題として基本的人権の制約を認めようというのです。量的問題として人権制限を認めてしまえば、個々人や少数者の基本的人権は、簡単に制限されてしまうので、この点でも自民党「改正草案」は基本的人権の実質的な否定を目論んでいるのです。

戦前、1923年、関東大震災後の緊急勅令として治安維持令が公布され、1925年には治安維持法も制定され、国民は弾圧されました

◆事実上の独裁政治の恐れ

第三に、大日本帝国憲法の緊急勅令との相違もあり、議会制民主主義にとって、より悪質であると

いう問題があります。命令を発する主体が内閣総理大臣か天皇かの違いがあるほか、大日本帝国憲法は、緊急勅令を発せられる場合を帝国議会閉会中に限定しているうえに、帝国議会の承諾がなければ緊急勅令が無効になると明記しているのに比べ、自民党「改正草案」は、国会の閉会中に限定してはおらず、国会の事後承認を得られなかった場合に緊急事態の宣言や政令が必ず無効になるとは明記してはいないのです。「緊急事態の宣言が効力を有する期間」という文言があるので、「緊急事態の宣言」の場合には、不承認の場合に無効になる可能性がありますが、有効期間は「法律」で如何様にでも定められる可能性があります。他方、「政令」の場合は、国会の事後承認を得られない場合の「無効」の定めは全くありません。

そのうえ、第四に、自民党「改正草案」は、大日本帝国憲法の定めと違い、緊急事態の宣言は、国家の事前承認さえあれば、100日を超えて継続することが可能であり（第98条第3項）、また、衆議院の解散・総選挙もできないことになり、「両議院の議員の任期及びその選挙期日の特例を設けることができる」とされています（第99条第4項）。

これが悪用されれば、主権者国民は衆参の国政選挙の機会を奪われ、内閣とそれを支持する議員らによる事実上の独裁政治状態になる恐れがあります。三権分立制の実質的な否定です。この点では、麻生太郎副総理の「ナチス政権下のドイツでは、憲法は、ある日気づいたら、ワイマール憲法が変わってナチス憲法に変わっていたんですよ。誰も気づかないで変わった。あの手口、学んだらどうかね」という発言（2013年7月19日）を、改めて想起する必要がありそうです。

「幸運にも」たとえ独裁政治にならないとしても、議会制民主主義が骨抜きになることは、明らかです。また、自民党「改正草案」は日本国憲法の定める「国会は、国権の最高機関」という規定を残しています（第41条）が、緊急事態条項の新設は、これと明らかに矛盾します。事実上内閣が国権の最高機関になってしまうからです（緊急事態条項の問題については、村田尚紀『改憲論議の作法と緊急事態条項』日本機関紙出版センター・2016年を参照）。

大日本帝国憲法	**自民党「日本国憲法改正草案」**
第5条　天皇ハ帝国議会ノ協賛ヲ以テ立法権ヲ行フ	**第4章　国会** **（国会と立法権）** **第41条**　国会は、国権の最高機関であって、国の唯一の立法機関である。
	第9章　緊急事態 **（緊急事態の宣言）** **第98条**　内閣総理大臣は、我が国に対する外部からの武力攻撃、内乱等による社会秩序の混乱、地震等による大規模な自然災害その他の法律で定める緊急事態において、特に必要があると認める

第8条　天皇ハ公共ノ安全ヲ保持シ又ハ其ノ災厄ヲ避

ときは、法律の定めるところにより、閣議にかけて、緊急事態の宣言を発することができる。

2　緊急事態の宣言は、法律の定めるところにより、事前又は事後に国会の承認を得なければならない。

3　内閣総理大臣は、前項の場合において不承認の議決があったとき、国会が緊急事態の宣言を解除すべき旨を議決したとき、又は事態の推移により当該宣言を継続する必要がないと認めるときは、法律の定めるところにより、閣議にかけて、当該宣言を速やかに解除しなければならない。また、百日を超えて緊急事態の宣言を継続しようとするときは、百日を超えるごとに、事前に国会の承認を得なければならない。

4　第2項及び前項後段の国会の承認については、第60条第2項の規定を準用する。この場合において、同項中「30日以内」とあるのは、「5日以内」と読み替えるものとする。

（緊急事態の宣言の効果）

第99条　緊急事態の宣言が発せられたときは、法律の定めるとこ

クル為緊急ノ必要ニ由リ帝国議会閉会ノ場合ニ於テ法律ニ代ルヘキ勅令ヲ発ス
2　此ノ勅令ハ次ノ会期ニ於テ帝国議会ニ提出スヘシ若議会ニ於テ承諾セサルトキハ政府ハ将来ニ向テ其ノ効力ヲ失フコトヲ公布スヘシ

ろにより、内閣は法律と同一の効力を有する政令を制定することができるほか、内閣総理大臣は財政上必要な支出その他の処分を行い、地方自治体の長に対して必要な指示をすることができる。
2　前項の政令の制定及び処分については、法律の定めるところにより、事後に国会の承認を得なければならない。
3　緊急事態の宣言が発せられた場合には、何人も、法律の定めるところにより、当該宣言に係る事態において国民の生命、身体及び財産を守るために行われる措置に関して発せられる国その他公の機関の指示に従わなければならない。この場合においても、第14条、第18条、第19条、第21条その他の基本的人権に関する規定は、最大限に尊重されなければならない。
4　緊急事態の宣言が発せられた場合においては、法律の定めるところにより、その宣言が効力を有する期間、衆議院は解散されないものとし、両議院の議員の任期及びその選挙期日の特例を設けることができる。

第６節　立憲主義と改憲手続きの行方

◆臣民の憲法従順義務（大日本帝国憲法）と公務員の憲法尊重擁護義務（日本国憲法）

大日本帝国憲法は、天皇主権だったので、天皇の憲法でした。それゆえ、大日本帝国憲法は、主権者でなかった「臣民」に対し天皇の憲法を「従順」する義務を課していました。

一方、日本国憲法は、国民主権を採用しましたので、主権者国民の憲法です。それゆえ、日本国憲法は、天皇を含め大臣や国会議員ら公務員に対し憲法尊重擁護義務を課しています（第99条）。これは、為政者など国家権力の担い手は暴走しないよう歯止めをかけるために公権力を憲法によって拘束するという立憲主義からの要請でもあります。

◆近代の「公権力を拘束する立憲主義」の実質的否定（前近代へ）

ところが、自民党「改正草案」は、天皇および摂政の憲法尊重擁護義務を削除し、公務員だけに対し憲法擁護義務を課し、さらに国民に対し憲法尊重義務を課しています（第１０２条）。つまり、日本国憲法の課している憲法尊重擁護義務を変質させています。

天皇や摂政を「その他の公務員」に含めて解釈することは不可能ではありませんが、「改正草案」は天皇を「元首」にし、内閣の「進言」さえ受けない「公的な行為」を認めていますから、あえて天皇や摂政には憲法尊重も憲法擁護も義務づけないと判断した可能性が高いのではないでしょうか。

自民党「Q&A増補版」は、「政治的権能を有しない天皇及び摂政に憲法尊重義務を課すことはできないと考え、規定しませんでした。」と弁明しています（Q46の答）が、天皇が政治的権能を有しないのは、日本国憲法も同じです（第4条）。それでも日本国憲法は、前述したように、天皇や摂政に憲法尊重擁護義務を課しています。自民党は天皇または摂政が憲法違反の行動をとることを想定していないようです。否、自民党は天皇または摂政を政治的に利用したいので、憲法の規制から解放したいのでしょう。

これは、立憲君主制でさえなく、絶対君主制の発想に相当します。この点でも自民党「改正草案」は近代以降の立憲主義を実質的に否定あるいは後退させており、外見的立憲主義にすぎなかった大日本帝国憲法に近づけようとしているようです。

自民党「Q&A増補版」は、以上のような批判を受けたため、「自民党の『日本国憲法改正草案』は、人権を制限するために権力を制限するという、立憲主義の考え方を何ら否定するものではありません。」（Q4の答）と弁明していますが、自民党総裁の安倍晋三首相は、2014年2月3日の衆議院予算委員会で、憲法について「国家権力を縛るものだという考え方はありますが、しかし、それはかつて王権が絶対権力を持っていた時代の主流的な考え方であって、今まさに憲法というのは、日本という国の形、そして理想と未来を語るものではないか」と述べ、国家権力を縛るという立憲主義の立場を事実上否定しました。これは、自民党「改正草案」の立場と同じです。それゆえ、安倍政権・与党は、本書第5章で紹介したように、平気で「解釈改憲」「立法改憲」を強行して立憲主義と民主主義を蹂躙し、暴走したのでしょう。言い換えれば、緊急事態条項を先取りした独裁的暴走政治と言えます。

次に、自民党「改正草案」における国民の憲法尊重義務の新設につき、自民党「Q＆A」は、「この規定は、飽くまでも訓示規定であり、具体的な効果があるわけではありません」と弁明しています（Q39の答）。

しかし、訓示規定と解される保証はどこにもありません。それどころか、実は、自民党「Q＆A」は、「憲法も法であり」、国民が「遵守するのは余りにも当然のこと」であると本音を書いているのです（Q39の答）。また、自民党「改憲草案」は、すでに確認したように、総論規定（第12条）において、日本国憲法にはなかった「自由及び権利には責任及び義務が伴う」という一文を挿入させていましたので、やはり国民の憲法尊重義務は法的義務であり、法的効果を期待しているのでしょう。自民党は国民に尊重させたい憲法に変質させるのですから、当然、国民にその憲法を尊重させたいのです。つまり、主権者国民への押しつけであり、国民を前近代に引き戻そうというのです。

大日本帝国憲法	日本国憲法	自民党「日本国憲法改正草案」
憲法発布勅語	**第99条**　天皇又は摂政及び	**（憲法尊重擁護義務）**

…現在及将来ノ臣民ハ此ノ憲法ニ対シ永遠ニ従順ノ義務ヲ負フヘシ	国務大臣、国会議員、裁判官その他の公務員は、この憲法を尊重し擁護する義務を負ふ。	**第102条** 全て国民は、この憲法を尊重しなければならない。 2 国会議員、国務大臣、裁判官その他の公務員は、この憲法を擁護する義務を負う

◆改憲手続きの軟化

日本国憲法の憲法改正手続は、すでに説明したように、衆参各院で「総議員の3分の2以上の賛成」で憲法改正案が確定し、それを国民に発議し、国民投票を行い、その国民投票で「過半数の賛成」があれば、憲法改正が成立することになります。つまり、国会による発議と国民投票の二段階になっています（第96条）。

一方、自民党の「改正草案」における憲法改正手続は国民投票を残し、改憲手続きにおける二段階は維持していますが、それぞれの要件が緩和されています。

まず、自民党の「改正草案」は、「国会の発議」の要件を、衆参各院での「総議員の過半数の賛成」とし、発議要件を大幅に緩和しています。日本国憲法における「総議員」は「法定議員数」と理解すべきであり、自民党の「改正草案」もこれと同じ「法定議員数」であるとしても、「3分の2以上」の要件を「過半数」に緩和しているため、この緩和は、国民投票を残しているとはいえ、硬性憲法を大幅に軟化させるものです。

次に問題になるのは、国民投票における「過半数」の母数です。日本国憲法においては、この点で「有効投票数」説と「投票者数」説がありますが、国の最高法規である憲法の改正なので、積極的な賛成が「過半数」あるべきですから、「無効票を含む投票者数の過半数」と理解する立場が妥当です。ところが、自民党の「改正草案」は「無効票を除く有効投票の過半数」にしているので、要件を緩和していることになります。

日本国憲法	自民党「日本国憲法草案」
第96条　この憲法の改正は、各議院の総議員の3分の2以上の賛成で、国会が、これを発議し、国民に提案してその承認を経なければならない。この承認には、特別の国民投票又は国会の定める選挙の際行はれる投票において、その過半数の賛成を必要とする。	**第100条**　この憲法の改正は、衆議院又は参議院の議員の発議により、両議院のそれぞれの総議員の過半数の賛成で国会が議決し、国民に提案してその承認を得なければならない。この承認には、法律の定めるところにより行われる国民の投票において有効投票の過半数の賛成を必要とする。

第7節　「憲法改正の限界」論と自民党「日本国憲法改正草案」の評価

◆「憲法改正の限界」論

以上、自民党「改正草案」における内容を分析・検討しましたが、このような憲法改正をどう評価するのか。この問題を検討するためには、日本国憲法を改正する際に限界があるのかという論点があるので、先にこの論点を解説しておきましょう。

憲法改正の手続きに基づきさえすれば憲法の内容をどのようにでも変更できるのかと言えば、そうではありません。主権者国民が判断するのだから限界はなく、どのような改正も許されるという立場もありますが、「憲法改正」には限界があるとする立場（通説）が妥当です。

本書第4章で説明したように、「憲法改正」は既存の憲法のアイデンティティーを維持したままでその内容を変更するものですが、既存の憲法とは全く別の憲法をつくることは「新憲法の制定」です。改正手続きを経た場合でも、憲法のアイデンティティーが変更され、全く異質の憲法になってしまうようであれば、それは「新憲法の制定」であって、「憲法改正」とは言えないからです。

また、公権力の暴走に歯止めをかける立憲主義の立場をとるのであれば、憲法改正に限界があるとしなければ、立憲主義が簡単に放棄されかねないからです。法律の制定・改廃よりも重い要件を憲法改正に課している憲法、すなわち硬性憲法であれば尚更です。ですから、例えば、国民投票なしでも日本国憲法の憲法改正が成立するように改めるのは、硬性憲法を軟性憲法にすることになりますから、憲法改正の限界を超えるので、違憲・無効になります。

◆日本国憲法の「憲法改正の限界」

では、日本国憲法についての「憲法改正の限界（実体的限界）」とは何でしょうか？

まず、日本国憲法の中身の点での限界（実体的限界）としては、日本国憲法の基本原理があげられます。基本原理としては、一般に、国民主権主義、非軍事平和主義、基本的人権尊重主義の三つがあげられます。そのほかに議会制民主主義と地方自治をあげることもできるでしょう。

ですから、象徴天皇制を廃止することは許されますが、国民主権を君主主権（天皇主権）に戻すことは許されません。また、基本的人権の理念を否定することも許されません。さらに、「戦争」だけではなく「武力の行使」や「武力による威嚇」までも「永久」に「放棄」している以上、再軍備し戦争できる国家に戻ることも許されないと考えるべきです。かりに自衛戦争を肯定することは憲法改正の限界内であるとの立場に立ったとしても、他国の戦争に参戦することになる集団的自衛権の行使を認めることは、専守防衛の枠を超えるので許されません。

議院内閣制を大統領制に変更すれば国会を「国権の最高機関」と位置づけた議会制民主主義を変質させるので、その改正も許されません。また、道州制への移行も地方自治を実質的に放棄するに等しいので、その改正も許されません。

次に、憲法改正手続そのものについても、硬性憲法を軟性憲法にすることも許されません。硬性憲法そのものが日本国憲法のアイデンティティーですし、憲法改正手続の要件が緩和されれば日本国憲法の基本原理の「改正」も容易になってしまうからです。ですから、国民投票なしに国会だけで憲法改正が成立するよう憲法改正手続きを「改正」することは許されません。

例えば、読売新聞社の「日本国憲法改正試案」(1994年11月3日、2004年5月3日)は、国会の発議を経て最終的に国民投票による場合のほかに、国民投票なしに国会だけによる場合を提案していました。具体的には、「各議院の在籍議員の3分の2以上の出席により、出席議員の過半数の賛成で議決」したときには、国民投票において「有効投票の過半数の賛成」で憲法改正が成立する場合のほかに、「各議院の在籍議員の3分の2以上の出席で、出席議員の3分の2以上の賛成」で憲法改正が成立する場合を提案していました。

前者の場合には、国会の発議は「法定議員の3分の2」から「在籍議員の3分の2以上の出席の過半数」へと要件が緩和されていますが、それでも、国民投票が維持されています。

しかし、後者の場合には、国民投票を回避し、「在籍議員の3分の2以上」の出席の、さらにその「3分の2以上」、すなわち「9分の4以上」(議員の行動次第で最低が「9分の4」から「3分の2」まで)に要件が大幅に緩和されているのです。

読売新聞社の「日本国憲法改正試案」は、国民投票を経ずに、つまり主権者国民の判断抜きに憲法改正が成立する場合を認めているので、この点だけみても「憲法改正の限界」を超えていると結論づけられます。

読売新聞社「日本国憲法改正試案」（1994年11月3日、2004年5月3日）

第108条（改正の手続き及びその公布）

1　この憲法の改正は、改正案につき、各議院の在籍議員の3分の2以上の出席により、出席議員の過半数の賛成で議決し、国会がこれを発議し、国民に提案してその承認を経なければならない。

2　前項の規定にかかわらず、この憲法の改正は、改正案につき、各議院の在籍議員の3分の2以上の出席で、出席議員の3分の2以上の賛成で可決することにより成立する。

3　第1項の承認には、特別の国民投票又は国会の定める選挙の際行われる投票において、有効投票の過半数の賛成を必要とする。

4　第1項又は第2項の憲法改正案は、国会議員又は内閣が提出することができる。

5　第1項の承認を経たとき、又は第2項の可決があったときは、天皇は、国民の名で、直ちにこれを公布する。

◆「限界を超えた改正」は無効

「憲法改正には限界がある」という限界説の立場においては、「限界を超えた改正」は効力をもたず無効となります（ただし限界を超えた憲法変革が実効性をもつに至れば「与えられた法として受けとめるしかない」ので「新しい憲法の制定」となります）。

日本国憲法も前文で「人類普遍の原理」に「反する一切の憲法…を排除する」と定めていますから、日本国憲法の基本原理等を実質否定する場合は、憲法改正の限界を超え、違憲と評され、無効になると解すべきです。

◆日本国憲法の基本原理を変質させる憲法「改正」は無効！

では、自民党「改正草案」は「憲法改正の限界」論から、どう評価されるのでしょうか。

すでに確認したように、自民党「改正草案」は日本国憲法の基本原理を本質的に後退させ変質させていました。第一に、自民党「改正草案」は、侵略戦争を肯定していないものの、自衛戦争さらには他国の戦争等に参戦することを認め、平和的生存権の保障も否定しており、日本国憲法の平和主義とは正反対のものにしようとしているのです。第二に、自民党「改正草案」は基本的人権を全面的に否定しているわけではないものの、日本国憲法における基本的人権の保障（あるいはまた先進国における基本的人権の保障）とは全く異なるものへと後退させようとしています。

第三に、自民党「改正草案」は国民主権を明記してはいますが、日本国憲法の象徴天皇制の枠を超えて天皇を「元首」にするなど実質的に天皇制を強化し国民主権を形骸化し後退させようとしています。第四に、自民党「改正草案」は緊急事態条項を新設しており、独裁政治にならない歯止めがなく事実上の独裁政治を許容しかねないので、議会制民主主義を実質的に否定していることになります。第五に、自民党「改正草案」は地方自治を否定してはいないものの、道州制を許容しており、そうなると、実質的には地方自治を否定ないし後退させています。

以上のように日本国憲法の基本原理を本質的に後退させ変質させている自民党「改正草案」は、憲法改正の限界を超えるもので、違憲の憲法破壊です。たとえ憲法改正手続きを経たとしても決して許されるものではありません。ですから、その効力が裁判所で問われうることになれば、裁判所は違憲・無効と判示しなければなりません。

◆憲法改正手続きの軟化も違憲

では、憲法改正手続きの変更につき、自民党「改正草案」は「憲法改正の限界」論から、どう評価されるのでしょうか。

自民党「改正草案」は、前述した読売新聞社の「日本国憲法改正試案」と異なり、国民投票を残しています。この点で硬性憲法に違いがないから憲法改正の限界内だと考える立場もあるかもしれません。

しかし、それは大いに疑問です。というのは、日本国憲法の改正手続は、国民投票だけで決まるのではなく、国会の発議とセットですし、かつ国会の発議なしには国民投票もありえないのです。それゆえ、国会の発議を軽視することは、日本国憲法の硬性性を正しく理解していないことになります。

ですから、日本国憲法が憲法の発議の要件をあえて「3分の2以上」と定めていることは重要ですから、自民党「改正草案」がそれを「過半数」に緩和していることは、憲法改正の限界を超える違憲・無効の改憲になると理解すべきです。

また、日本国憲法は改憲の国民投票における成立要件を「過半数」と明記しており、これは、「無効票を含む投票（者数）の過半数」と解す立場が妥当ですが、自民党「改正草案」は、国民投票における改憲の成立要件を「無効票を除く有効投票の過半数」にしています。改憲賛成票と改憲反対票の間に大きな差が生じ、無効票が少なければ、「無効票を含む投票（者数）の過半数」とする立場と実際には大きな違いは生じないでしょう。しかし、改憲賛成票と改憲反対票が拮抗している中で無効票が多大だと、無効票を母数に含めるのか否かで改憲の成立が左右されます。つまり、賛否が拮抗している場合、「有効投票」を母数にするのか、「投票者数」を母数にするのかは、決して軽視できないことになります。したがって、自民党「改正草案」が「無効票を除く有効投票の過半数」にしていることは、硬性さを軟化させたことになり、「憲法改正の限界」を超える違憲・無効の改憲になると解することも不可能ではないでしょう。

第8節　自民党が「新たな憲法改正案」を策定⁉

◆自民党は「日本国憲法改正草案」（2012年）の撤回を拒否

2016年9月25日、与野党の幹事長らが、翌29日召集の臨時国会を前に、NHK番組で議論した際に、民進党の野田佳彦幹事長が自民党「日本国憲法改正草案」（2012年）について「国民の権利を軽んじている」「まずは撤回しないと議論は進まない」と述べ、衆参両院の憲法審査会などでの協議に向けて、自民党の「日本国憲法改正草案」を撤回する（取り下げる）よう要求しました。

これに対し、自民党の二階俊博幹事長は「皆さんの意見を聞くゆとりを持たなければいけないが、今すぐ草案を撤回するところまでは考えていない」と述べ、修正には含みを持たせる一方で、撤回を拒否しました（「二階幹事長『自民改憲草案、撤回しない』」毎日新聞2016年9月25日19時28分）。

◆自民党が「新たな憲法改正案」の策定作業へ

2017年、新年早々、自民党は、近く、党憲法改正推進本部（保岡興治本部長）を中心になり、「新たな憲法改正案」の策定作業に入ることが報じられました。

それによると、他党の反対の強い憲法9条改正を外し、緊急事態条項の創設、財政規律条項の創設、「環境権」の保障、私学助成を「合憲」化するための憲法第89条改正案、昨2016年の参議院通常選挙から導入された「合区」を解消する項目などが、それに盛り込まれるようです。これは、改憲における自民党の補完政党を中心に他党の理解を得やすいと思われる項目を抽出するもののようです。

しかし、以上のうち、緊急事態条項を創設することの危険性や「財産の健全性」を明記した財政規律条項を創設することの危険性については、それぞれ前述しました。また、投票価値の平等を保障せず議員定数不均衡を放置しても違憲にならないよう自民党が画策していたことも前述しました。

◆環境権を保障するつもりはない

「環境権」については、自民党が本当は保障するものではないことを確認しておきましょう。

自民党「改正草案」では、まるで、環境権など、いわゆる「新しい人権」を保障しているかのような解説がなされています。自民党「Q＆A」は「国民の権利義務については、現行憲法が制定されてからの時代の変化に的確に対応するため、国民の権利の保障を充実していくということを考えました。そのため、新しい人権に関する規定を幾つか設けました。」と説明されているからです（Q13の答）。

しかし、「Q＆A」における「Q15『新しい人権』について、どのような規定を置いたのですか？」では次のように答（解説）がなされているのです。

「現在の憲法が施行されてから65年、この間の時代の変化に的確に対応するため、国民の権利保障を一層充実していくことは、望ましいことです。

『法律で保障すればよい』という意見もありますが、憲法に規定を設けることで、法律改正だけでは国民の権利を廃止することができなくなりますので、国民の権利保障はより手厚くなります。

日本国憲法改正草案では、『新しい人権』（国家の保障責務の形で規定されているものを含む。）について は、次のようなものを規定しています。
（1）個人情報の不当取得の禁止等（19条の2）
いわゆるプライバシー権の保障に資するため、個人情報の不当取得等を禁止しました。
（2）国政上の行為に関する国による国民への説明の責務（21条の2）
国の情報を、適切に、分かりやすく国民に説明しなければならないという責務を国に負わせ、国民の「知る権利」の保障に資することとしました。
（3）環境保全の責務（25条の2）
国は、国民と協力して、環境の保全に努めなければならないこととしました。
（4）犯罪被害者等への配慮（25条の4）
国は、犯罪被害者及びその家族の人権及び処遇に配慮しなければならないこととしました。

なお、（2）から（4）までは、国を主語とした人権規定としています。これらの人権は、まだ個人の法律上の権利として主張するには熟していないことから、まず国の側の責務として規定することとしました。」


この解説によると、「まだ個人の法律上の権利として主張するには熟していない」と説明されていますから、「改正草案」は環境権など「新しい人権」を保障してはいないのです。

また、日本国憲法は「新しい人権」の根拠として憲法第13条等（知る権利は第21条）があると理解するのが通説なのですが、自民党「Q＆A」の解説だと、この通説の解釈を間接的に否定していることになりそうです。つまり、自民党「改正草案」が成立すると、日本国憲法が環境権など「新しい権利」を保障していることが否定されてしまいかねないのです。

自民党「日本国憲法改正草案」

（個人情報の不当取得の禁止等）
第19条の2　何人も、個人に関する情報を不当に取得し、保有し、又は利用してはならない。

（国政上の行為に関する説明の責務）
第21条の2　国は、国政上の行為につき国民に説明する責務を負う。

（環境保全の責務）
第25条の2　国は、国民と協力して、国民が良好な環境を享受することができるようにその保全に努めなければならない。

（犯罪被害者等への配慮）
第25条の4　国は、犯罪被害者及びその家族の人権及び処遇に配慮しなければならない。

◆私学助成は違憲ではない

一方、私学助成を「合憲」化するための憲法第89条改正案は、国民に明文改憲に慣れさせて、国民が抱いている明文改憲へのハードルを心理的に引き下げるために、明文改憲する必要がないのに、あえて改憲勢力がその明文改憲を提案する一つのようです。というのは、自民党「改正草案」は、私立学校への助成金が日本国憲法の下で違憲だとは考えていないにもかかわらず、明文改憲を提案しているからです。

日本国憲法	自民党「日本国憲法改正草案」
第89条　公金その他の公の財産は、宗教上の組織若しくは団体の使用、便益若しくは維持のため、又は公の支配に属しない慈善、教育若しくは博愛の事業に対し、これを支出し、又はその利用に供してはならない。	**第89条**　…（略）… 2　公金その他の公の財産は、国若しくは地方自治体その他の公共団体の監督が及ばない慈善、教育若しくは博愛の事業に対して支出し、又はその利用に供してはならない。

自民党「Q&A」における「私学助成に関わる規定（89条）を変えたのは、なぜですか?」というQ28の回答で、次のように解説しています。

「現行憲法89条では、『公の支配』に属しない教育への助成金は禁止されています。ただし、解釈上、私立学校においても、その設立や教育内容について、国や地方公共団体の一定の関与を受けていることから、『公の支配』に属しており、私学助成は違憲ではないと考えられています。しかし、私立学校の建学の精神に照らして考えると、『公の支配』に属するというのは、適切な表現ではありません。そこで、憲法の条文を改め、『公の支配に属しない』の文言を、国等の『監督が及ばない』にしました。」

このように自民党は私立学校への助成金が日本国憲法の下で違憲だとは考えていないのです（ただし、私立学校への助成金が違憲ではない憲法上の根拠は、私立学校の教育が「公の支配」に属しているからではなく、「教育を受ける権利」（憲法第26条）を金銭面で保障するからと解すべきです）。ですから、明文改憲する必要はどこにもないのです。

◆改憲の必要はない「教育無償化」

また、安倍晋三自民党総裁（首相）が昨２０１６年10月、同党の保岡興治憲法改正推進本部長と会談した際、「日本維新の会」の憲法改正原案に盛り込まれた「教育無償化」を改憲項目として例示していたと報じられました（「改憲項目『教育無償化』も…安倍首相が例示」毎日新聞２０１７年１月11日８時）。

しかし、これも前述の説明から明らかなように、日本国憲法が「教育を受ける権利」を保障している以上、あえて明文改憲する必要があるわけではないのです。むしろ、日本国憲法の下で「教育の無償化」を推進しない言い訳をしているにすぎませんし、自民党が野党の一部と改憲論で連携する口実をつくっているにすぎないのです。

もっとも、自民党の思惑は、それだけではないでしょう。というのは、自民党は従来「教育の無償化」に反対してきたからです。おそらく、真の狙いは、教育への国家の介入でしょう。このことは、すでに紹介したように自民党「改正草案」が「国は、教育が国の未来を切り拓く上で欠くことのできないものであることに鑑み、教育環境の整備に努めなければならない。」としていたことから明らかでしょう。

◆「日本国憲法改正草案」から抽出される可能性の高い「新たな憲法改正案」

以上のように、明文改憲する必要のないものを含め、自民党「改正草案」の中から抽出されたもの、あるいはその修正されたものが、今後、自民党の「新たな憲法改正案」に盛り込まれる可能性がありそうです。

また、自民党憲法改正推進本部の保岡興治本部長は2月24日の本部会合で、憲法改正について「合意を得られた項目から順に、部分改正を重ねる必要がある。1回に3項目前後が常識的だ」と述べ、「初回の改憲を混乱なく、着実に成功させせないとならない」とも語ったそうです（「自民・保岡氏、改憲『1回に3項目前後』」日経新聞２０１７年2月24日19時47分）。

となると、前記以外の事項についても今後具体的に議論され、野党の一部の補完政党との合意形成に向けて策動が行われる恐れがありますし、最初に提案される憲法改正原案は改憲の可能性が一番高いものになる可能性が高いようです。

ですから、「新たな憲法改正案」が公表される前に、主権者国民は、自民党「改正草案」（「日本国憲法改正草案」２０１２年）をきちんと学習しておく必要があるのです。

第7章

憲法と政治、立憲主義と民主主義

第1節 〝希望の光〟日本国憲法とそれを生かし活かす闘い

◆平和憲法の国際的な先駆性

すでに本書第2章で説明したように、日本国憲法は、「ポツダム宣言」という枠組みがあるなかで「制定」されながらも、世界史的な意義と日本史的な意義を有しています。大日本帝国憲法から日本国憲法への転換は、天皇主権から国民主権への転換であり、侵略戦争を推進する政治から一切の戦争を放棄する政治への転換であり、基本的人権という観念がなく国家の政治判断で容易に国民の権利が制限される政治から基本的人権を保障する政治への転換であり、中央集権の政治から地方自治を保障した政治への転換であり、それゆえ、まさに革命に匹敵するほどの劇的な政治の転換でした。

日本国憲法は国民が100％自分らの力で「制定」したものではないとしても、男女平等の普通選挙を経て、帝国議会で修正を経て「制定」されたものでした。それゆえ、新主権者国民の多くが日本国憲法を歓迎しました。日本国憲法には民主化が徹底していないなど不完全なところがありますが、今の国民は、以上のことを前向きに受けとめるべきです。

とりわけ、日本国憲法の基本原理のうち、平和主義は、国際的にも先駆的価値を有しています。

例えば、1999年5月、ユーゴスラビアでは北大西洋条約機構（NATO）軍による空爆が続くなか、オランダのハーグで非政府組織（NGO）主催の「ハーグ平和市民会議」が開かれました。これは、国際司法裁判所に核兵器違法性の宣言を求めた国際反核法律家協会（IALANA）や核戦争防止国際医師の会（IPPNW）などの呼びかけ団体が1年以上にわたって準備してきたもので、世界100カ国以上から平和運動家ら約1万人が参加した会議でした。この会議では軍縮への基礎を築いた第1回ハーグ平和会議百周年を記念し、「公正な国際秩序のための基本10原則」を行動目標として設け、第1項に「日本の憲法9条を見習い、各国議会は自国政府に戦争をさせないための決議をすべきだ」との文言を盛り込み、基本10原則を含む「21世紀の平和と正義のための課題」（ハーグ・アジェンダ）を採択し、それはアナン国連事務総長に手渡されたのです。

つまり、日本国憲法第9条の平和主義の理念が初めて世界の平和運動の共通の目標とされたのです。したがって、広島と長崎の悲劇をもつ被爆国でもある日本は、日本国憲法の平和主義を掲げ、世界平和のために国際社会でリーダーシップを発揮すべきなのです。

◆〝希望の光〟としての憲法9条

原爆投下や東京大空襲について謝罪し、反戦平和を訴えるアメリカの退役軍人がいます。それが、元海兵隊員でイラク戦争への派遣経験をもつマイク・ヘインズさん（40歳）です。

マイクさんは、熱心なキリスト教徒の多いジョージア州の出身で、プラスチック製の銃や『GIジョー』の人形、カウボーイ映画に囲まれて育ち、愛国心から高校卒業後の1994年に海兵隊に入隊し、沖縄駐留を経て2003年3月、イラク戦争に出兵しました。しかし、イラクには大量破壊兵器はなく、「自由と平和をもたらすため」という大儀も嘘で、イラク戦争は泥沼と化し、マイクさんが帰国してもなお終わりが見えない中、PTSD（心的外傷後ストレス障害）を発症したそうでその後、農業と平和運動を支えに、人前で話せるようになるまで10年かかったそうです。

2015年12月に沖縄・辺野古を、翌16年8月には高江を訪問。11月、「安保法制に反対する海外在住者・関係者の会（OVERSEAs）」の招きで来日し、各地で講演を行い、市民と交流し戦争の実態を伝え歩き、所属する米退役軍人らで作る団体「ベテランズ・フォー・ピース」のメンバーとともに市民と一緒になって座り込み、米軍基地建設に抗議しています。マイクさんは、言います。

「平和を前向きに構築していくには、過去に犯した過ちをきちんと認めて謝罪するというプロセスが不可欠です」「テロリスト掃討のためにイラクへ派遣された私こそが、現地で暮らす人たちの生活を破壊するテロリストだった」「テロリストがいるとの通報を受け踏み込んだ先は一般家庭がほとんど。恐怖のあまり失禁した少女の叫び声が今も耳に焼きついて離れません」「戦闘に入れば敵と味方の区別は困難。両方に死者が出ますし、仲間からの誤射で亡くなる兵士も多い。一般市民も巻き込まれます。そうした危険は自衛隊が派遣されている南スーダンでも同じです。そもそも〝緊張と暴力が前例のないレベル〟と国連が警告するように、参加条件の『PKO5原則』で最も重要な停戦合意が成立していないのだから、派遣自体が違法では？」「どこへ行っても帰還兵はヒーロー扱いされましたが、とんでもない。怒りにさいなまれ、ひきこもるように。人も自分も非難して、誰とも一緒にいられなくなって2年ほどホームレスを経験しました」「今の日本を見ていると、国のリーダーが危険をあおって恐怖心を高め世論を操る手法が9・11後のアメリカとよく似ています。中国や北朝鮮の脅威が強調されていますが、考えてもみてください。狭い土地に54基もの原発が並び、地震リスクの高い、天然資源がない国を征服したところでどんな利益が得られるのか」
「次期大統領のドナルド・トランプは人種差別を公言してはばからない人物。戦争とヘイトスピーチは切り離すことのできない要素ですから、彼は本当に危ない。そんなアメリカは日本を守っていると言い、また日本側もそう思い込んでいるようですが、大きな間違い。基地が集中する沖縄は標的となって、むしろ危険にさらされます。建国以来、戦争にまみれてきたアメリカから見れば日本の憲法9条は希望の光。70年以上も戦闘をしていない記録をみなさんで守り抜いてほしいです」（「週刊女性」2017年1月17・24日号）
PTSDを発症した元海兵隊員のマイクさんは、憲法9条が〝希望の光〟だと表現したのです。〝希望の光〟は、天皇主権のもとで弾圧され犠牲を強いられた主権者国民にとって、憲法9条だけではありません。天皇制を象徴天皇制の形で残しながらも国民主権主義を採用している点でも、自由権だけではなく社会権を保障し基本的人権尊重主義の立場にある点でも、地方自治を保障している点でも、日本国憲法は主権者国民にとって〝希望の光〟なのです。

◆選挙の争点化から逃げ続けたのに明文改憲へ

その日本国憲法を敵視する安倍政権・自民党は、本書第6章で分析・解説したように、日本国憲法の基本原理を実質的に否定する憲法改悪を目論んでいます。

もっとも、国民の大勢が日本国憲法の明文改憲を求める状態ではありません。それゆえ、安倍晋三自民党総裁は、これまで明文改憲について国政選挙の争点にすると明言していませんでした。それどころか、２０１６年7月10日執行の参議院通常選挙の際には、明文改憲を「選挙の争点にしない」と明言しました。したがって、国会は、明文改憲を具体的に議論する必要はありませんし、議論すべきでもありません。

ところが、安倍晋三氏は、新年早々（２０１７年1月5日午前）、自民党党会合で「(現行の）憲法施行から70年の節目の年だ。新しい時代にふさわしい憲法はどんな憲法か。今年はいよいよ議論を深め、形作っていく年にしたい」「そのためにそれぞれが責任を果たすことが求められる」と明文改憲に意欲を示しました（「首相『改憲議論深める年に』　自民党仕事始め」日経新聞同年1月5日12時57分)。

それを受け、自民党の二階俊博幹事長はその翌日、ＢＳフジの「PRIME NEWS」に出演し、「総理が念頭に口火を切ったのだから、これから詰めていくことを、ずっと自民党は、ことし中の最大の課題の一つとして、考えていかなければいけない」と述べ、「憲法改正は、２０１７年最大の課題の一つ」との認識を示しました（「二階幹事長、『憲法改正は２０１７年最大の課題の1つ』との認識　ＢＳフジの『PRIME NEWS』で」ＦＮＮ同年1月7日13時59分)。

さらに、今年1月20日召集の通常国会で安倍氏は「首相としての施政方針演説」なのに、まるで自民党総裁のような演説をしました。

「未来は変えられる。全ては、私たちの行動にかかっています。ただ批判に明け暮れたり、言論の府である国会の中でプラカードを掲げても、何も生まれません。意見の違いはあっても、真摯かつ建設的な議論をたたかわせ、結果を出していこうではありませんか。自らの未来を、自らの手で切り拓く。その気概が、今こそ、求められています。憲法施行70年の節目に当たり、私たちの子や孫、未来を生きる世代のため、次なる70年に向かって、日本をどのような国にしていくのか。その案を国民に提示するため、憲法審査会で具体的な議論を深めようではありませんか。」

安倍氏のこの演説は、日本国憲法が大臣に課している憲法尊重擁護義務（第99条）に違反しています。日本国憲法（第96条）は内閣に憲法改正の原案提出権を認めないと解されますし、憲法改正の手続き法も同様に内閣に原案提出権を認めていません。それなのに、内閣総理大臣が国会で明文改憲論議を呼びかけるのは、内閣や内閣総理大臣に認められない越権的発言です。

自民党の二階俊博幹事長は１月22日のＮＨＫ番組で、安倍首相が意欲を示した憲法改正について「できるだけ早く一定の方向で党の考えをまとめたい」と述べ、今国会での憲法改正の発議に関し「状況をみて判断しなければならない」と話しました。

◆国民の多くは国会での改憲論議を望まず

しかし、今の主権者国民は、それを望んではいません。

例えば、時事通信が安倍首相の施政方針演説前の１月６～９日に実施した世論調査で、安倍政権が目指す憲法改正は優先的に取り組む政治課題かどうか尋ねたところ、「優先的に取り組む政治課題ではない」が45・5％に上り、「優先的に取り組む」は36・5％で、「分からない」は13・9％でした（「憲法改正『優先課題でない』が半数＝内閣支持5割回復―時事世論調査」時事通信２０１７年1月13日15時16分）。

また、毎日新聞が安倍首相の施政方針演説の直後21、22両日に実施した全国世論調査によると、国会で憲法改正の議論を「急ぐ必要はない」との回答は56％で、「急ぐべきだ」の35％を上回りました（「毎日新聞調査 改憲議論『急ぐ必要はない』56％」毎日新聞２０１７年1月22日20時19分）。

◆安倍政権・与党の明文改憲を阻止しよう

今、私たち主権者が積極的に行わなければならないことは、歴史の歯車を逆戻りさせないことです。日本国憲法の価値を否定し、その改憲（改悪）を進める政治勢力に対し、徹底的に抵抗し続けなければなりません。それが今の主権者国民の政治的使命です。

より具体的に言えば、第一に、明文改憲による日本国憲法の改悪を阻止することです。本書第6章で確認したように、自民党「日本国憲法改正草案」は、戦争放棄の平和主義を全面否定することに加え、国民主権主義を後退させ、基本的人権尊重主義を実質的に否定するなど、国民にとっては日本国憲法の改悪としか言いようがないものです。私たち主権者国民は、この憲法改悪を絶対に阻止しなければなりません。

安倍政権・与党は、本書第5章で解説したように、立憲主義を蹂躙する「解釈改憲」「立法改憲」を強行しました。これは、主権者国民の多くが反対していたがゆえに、革命ではなく一種のクーデターです。とはいえ、明文改憲まで成功したわけではありませんので、クーデターは未完なのです。ですから、私たち主権者国民は、その「解釈改憲」「立法改憲」が違憲であると評価できるのです。日本国憲法は死んでいないのですから、主権者国民の最低限の命綱である日本国憲法が改悪されないよう、未来の主権者のためにも、日本国憲法の基本原理を守り抜くために踏ん張るべきなのです。

◆「解釈改憲・立法改憲」を改めさせよう

第二に、安倍政権・与党の「解釈改憲・立法改憲」の問題点を指摘し続け、安保関連法＝戦争法の廃止を闘い取らなければなりません。安倍政権・与党は、主権者国民があきらめることを願っています。そうすれば、国民が違憲の立法を受け入れ、憲法改悪の可能性を高めるからです。しかし、私たち主権者はあきらめてはいませんし、今後も決してあきらめません。

あの「解釈改憲・立法改憲」は、世界にとっても日本にとっても平和な未来を保証しないどころか、むしろ破壊します。なぜなら、かつて侵略戦争を強行し、「ポツダム宣言」と憲法9条に反して米軍の補完部隊である自衛隊を創設した日本が、軍事大国であるアメリカに軍事基地を提供することに加え、国際法違反の「ならず者国家」アメリカの戦争に本格的に軍事加担すれば、日本の近隣諸国は、日本を警戒し、軍拡の口実を得ることになり、軍事的緊張関係が緊迫化してしまうからです。これは、戦後の歴史が証明しています。日本が周辺国から、どのようにみられているのか、客観的に分析する必要があります。

また、安保関連法の今後の発動は日本と日本人を武力行使・戦争の加害国・加害者にし、多くの人々を殺戮することになることは必至で、その結果として、自衛隊員だけではなく、それ以外の日本人もテロの対象にしてしまうでしょうから、テロ対策を口実にした、基本的人権を侵害する政治が強行されることになるからです。国際的なテロが悪いことは明らかですが、テロリストは国際法違反の戦争を強行した「ならず者国家」アメリカの戦争への反動として生まれたものです。そのアメリカやその軍事同盟国に対し、まるで「自衛権の行使をしている」気持ちでテロが行われているのではないでしょうか。そうであれば、テロを批判するだけでは問題の解決にはなりません。「ならず者国家」アメリカ政府の戦争とそれに加担する日本政府を批判し、戦争を継続させないだけではなく、これまでの戦争の責任を認めさせ、これまでの戦争に対する謝罪と賠償をさせる必要があります。

「解釈改憲・立法改憲」により民主主義と立憲主義を蹂躙し続ける政治は、決して国民を幸福にはしません。むしろ、不幸にします。私たち主権者国民は、「解釈改憲」「立法改憲」を、諦めることなく厳しく批判する政治活動や市民運動を継続しなければなりません。そして平和的生存権を侵害している安保関連法＝戦争法を廃止させ、自衛隊の海外派遣を止めさせることことが必要です（参照、上脇博之『追及！民主主義の蹂躙者たち』（日本機関紙出版センター・２０１６年）。

第2節　〝真の政治改革〟と野党共闘の重要性

◆民主主義政治のためには〝真の政治改革〟を！

安倍政権・与党の「解釈改憲・立法改憲」は、主権者国民の多くが支持した結果ではありません。むしろ第5章において世論調査の結果で確認したように主権者国民の多くは反対していました。言い換えれば、民主主義の結果として立憲主義の蹂躙が強行されたわけではないのです。

日本国憲法は民主主義を要求していますが、残念ながら、日本の政治は、憲法の要求する民主主義ではありません。私は、そう考えています。なぜなら、そもそも民主主義が成立する条件を欠いているからです。普通選挙を採用しているだけでは民主主義の条件を充足しているとは言えません。

特に1994年の「政治改革」は、衆議院の選挙制度につき、中選挙区制から小選挙区選挙中心のものへと改めました。中選挙区制は不十分ながらも準比例代表的機能を果たしていましたが、小選挙区選挙は、多大な死票を生み出し、国会への民意の反映の点で民意を歪曲し、立憲主義を蹂躙する自民党の過剰代表を生み出し、「上げ底政権」をつくってきました。また、当時の「政治改革」は、買収政治の温床である企業献金を温存したままで、税金約300億円（現在は約320億）を原資とした政党助成制度も導入し、政党を国民から乖離させました。これらが、「死の商人」らのための政治、事実上の財界主権政治、立憲主義と民主主義を蹂躙する政治を容易にさせてきたのです（参照。

上脇博之『安倍改憲と「政治改革」』日本機関紙出版センター・2013年)。したがって、1994年「政治改革」は、主権者国民の多数と衆参国会の多数との逆転(ねじれ)現象を生み出している以上、明らかな政治改悪でした。

それゆえ、「今の立憲主義と民主主義を蹂躙する、対米従属の事実上の財界主権政治」から「主権者国民の多数が要求する真の国民主権政治」への本質的転換を実現するためには、〝真の政治改革〟が必要です。

具体的に言えば、選挙権および被選挙権(憲法第15条)を実質的に保障するために、膨大な死票を生み出し、民意を歪曲する、衆議院の小選挙区選挙と参議院の選挙区選挙を、いずれも廃止させるだけではなく、民意が正確・公正に衆参国会に反映し、投票価値の平等を常に保障する比例代表選挙にして、その議員定数を増員させ、無所属の個人や政治団体にも「立候補の自由」を保障するよう公職選挙法を改正させることも必要です(参照、坂本修・小沢隆一・上脇博之『国会議員定数削減と私たちの選択』新日本出版社・2011年、上脇博之『なぜ4割の得票で8割の議席なのか』日本機関紙出版センター・2013年、同『告発!政治とカネ』かもがわ出版・2015年)。

また、企業の政治献金は、「死の商人」らの政治献金を含んでいますし、政治腐敗の温床であるうえに、企業の株主の政治的思想・信条の自由(憲法第19条)を侵害していますから、全面的に禁止する必要があります(上脇博之『財界主権国家・ニッポン』日本機関紙出版センター・2014年、同・前掲『告発!政治とカネ』、同『追及!安倍自民党・内閣と小池都知事の「政治とカネ」疑惑』日本機関紙出版センター・2016年)。

さらに、現行の政党助成法に基づく政党交付金制度は、政治的自己決定権（憲法第13条）・平等原則（憲法第14条）・「結社の自由」（憲法第21条）を侵害し、政党を国民から乖離させてきたがゆえに、政党助成法は廃止させる必要があります。政党が廃止しないのであれば、せめて主権者国民がその廃止を決定できる仕組みを認めるよう制度の抜本的見直しをさせる必要があります（参照、上脇博之『誰も言わない政党助成金の闇』日本機関紙出版センター・2014年、同・前掲『追及!安倍自民党・内閣と小池都知事の「政治とカネ」疑惑』)。

衆参国家議員を選出する選挙制度や、国民代表に多大な影響を与える政治資金制度は、「実質的意味での憲法」に相当しますから、いずれも日本国憲法が要請するものへと改正されるべきなのです。

◆安倍暴走政治に対峙する野党共闘

もっとも、政治の根本的転換を成し遂げるために、〝真の政治改革〟の実現を待っているわけにはいきません。安倍政権・与党が〝真の政治改革〟を実現することはないからです。

主権者国民は、民意を歪曲する選挙制度の性格を意識したうえで、民主主義と立憲主義の蹂躙を阻止するために、政治活動、市民運動、選挙運動を行う必要があります。その知恵の一つが野党共闘です。特に小選挙区選挙が相対多数の政党の過剰代表を生み出す以上、その結果による「上げ底政権」を阻止するためには、民主主義と立憲主義の蹂躙に反対する野党が政治的にも選挙でも国会でも共闘するしかないからです。

毎日新聞は、2014年衆議院総選挙の小選挙区選挙（議員定数295）の選挙結果及び2016年の補欠選挙（北海道5区、東京10区、京都3区、福岡6区）の選挙結果に基づき、民進党、共産党、自由党、社民党の4党が候補者を一本化した場合の総選挙の選挙結果を試算しています。その試算によると、計58の小選挙区で与党の現職を逆転する可能性があり、比例代表選挙（議員定数180）の獲得議席を前回並みと仮定しても、自公与党は「3分の2」（317議席）を大きく割り込み、計270議席前後まで減らす可能性が出てくると報じました（「次期衆院選：野党協力で逆転58区 14年基に試算」毎日新聞2017年1月4日）。

また、共同通信も、ほぼ同様の試算をしており、それによると、自民、公明両党候補は計61選挙区で逆転し、比例代表選挙も含めた衆議院の議席（475）で265議席にとどまり、自公両党は憲法改正の国会発議に必要な「3分の2」を割り込むとの試算結果を公表しました（「野党共闘で61選挙区逆転　14年衆院選を基に試算」共同通信2017年1月9日18時35分）。

以上の試算は、いずれも、野党共闘が実現していなかった2014年総選挙の結果に基づいているので、いま進められている野党共闘が実現すれば、有権者の投票行動もさらに逆転し、選挙結果における与野党の逆転はもっと増えることでしょう（なお、現在の衆議院の議員定数は475で、そのうち小選挙区295、比例代表180ですが、2016年5月に小選挙区を6減、比例を4減する衆院選挙制度改革関連法が成立しており、今年、選挙区の区割りなどを見直す公職選挙法改正が成立すれば、議員定数は４６５、そのうち小選挙区は２８９、比例代表１７６となります）。

もっとも、野党共闘は、立憲主義の蹂躙に反対する野党だけで決まるのではなく、各選挙区の地元の市民の運動が不可欠です。主権者国民は、野党４党任せにするのではなく、４野党に対し主体的に働きかける必要があります。その運動の内実次第で、各選挙区における野党共闘の在り方が決まるのです。

第3節 〝最低限の政治〟立憲主義とそれを上回る民主主義

◆今後の暴走政治における「共謀罪」(「テロ等準備罪」)新設問題

野党共闘で政権交代を勝ち取る前であっても、立憲主義蹂躙の暴走政治を許してはいけません。自公連立政権は、明文改憲の先取りであり、地ならしでもある違憲の立法を強行してきましたが、今後もその可能性があります。

その重大なものが、テロ対策を口実に基本的人権を侵害する法律の制定で、有害な結果が発生していない段階の犯罪計画を話し合う(相談)だけで処罰対象とする「共謀罪」の新設です。

これについては、これまで3回(2003年、04年、05年)も国会に上程されましたが、「市民団体や労働組合も対象になる」との批判や懸念が相次ぎ、内在的制約さえも受けない絶対保障である「思想の自由」(憲法第19条)を侵害する法案であるがゆえに、国民の反対が強いため、同法案は成立せず廃案になっています。

そこで、安倍政権は「テロ等準備罪」と呼び変えて、組織犯罪処罰法改正案を国会に上程するようです。

◆「国際テロ対策」は口実

今年1月10日、共同通信社の取材に対して安倍晋三首相は「テロ等準備罪（共謀罪）を成立させないと国際条約を締結できない。２０２０年の東京オリンピック開催にも支障がある」との趣旨の発言をしました。

しかし、そこでいう国際条約は、マフィアなどの国境を越える組織犯罪を防ぐための国際組織犯罪防止条約（パレルモ条約）のことで、マネーロンダリング（資金洗浄）を防止するなどの経済犯をメインにしており、テロ対策ではありません。日本は、すでにテロ対策として、「爆弾テロ防止条約」や「テロ資金供与防止条約」など国連条約を締結していますし、法律としてもすでにテロ資金提供処罰法があります。

また、犯罪対象には「テロ」以外の「等」を含んでいるうえに、「組織」は既存の者である必要はなく2人以上であれば「組織」と認定されます。

◆「一般の市民」も対象

安倍晋三首相や金田勝年法務大臣は、通常国会の答弁で、「組織的犯罪集団」に対象を限定することで「一般の市民は対象にならない」と強調してきました。

もっとも、金田大臣は2月2日の衆議院予算委員会で、正当に活動する団体について「団体の意思決定に基づいて犯罪を反復継続して行うようになるといったような、団体の性質が一変したと認められなければ、組織的犯罪集団と認められない」と答弁し、性質が変われば、適用の対象になる可能性を示唆していました。「普通の団体が性質を変えたら、対象になるのか」という質問に対する金田大臣の答弁が不十分だったため、法務省は統一見解を出すよう求められました。

　そこで、法務省は2月16日、衆議院予算委員会の理事懇談会で、この点につき文書を提示し、説明しました。「テロ等準備罪の具体的内容は検討中」と前置きしたうえで、対象となる「組織的犯罪集団」については「結合の目的が重大な犯罪などを実行する団体」という趣旨で検討していると説明し、「正当に活動する団体が犯罪を行う団体に一変したと認められる場合は、処罰の対象になる」との見解を明らかにしました（「共謀罪、一般人対象の余地『犯罪行う団体に一変の場合』」朝日新聞２０１７年2月17日0時51分）。

出所：東京新聞2017年2月17日

　この見解によると、「正当に活動する団体が犯罪を行う団体に一変した」と判断するのは捜査当局ですから、その解釈や裁量によっては「正当に活動する団体」も取締りの対象になる恐れがあることになります。

　例えば、基地建設反対の市民団体が工事車両を止めようと座り込みを決めれば、捜査機関が組織的威力業務妨害が目的の組織的犯罪集団と恣意的に認定する懸念があります（「性質一変なら『普通の団体』も処罰　『共謀罪』政府統一見解」東京新聞2017年2月17日）。

法務省は、「これまでの説明を整理したもので、矛盾はない」としているようですが、矛盾しています。「一般の市民は対象にならない」と説明してきたことは、嘘だったのです。

◆人権侵害と監視国家の恐れ

「テロ等準備罪」の法案が国会に提出され、成立してしまうと、一般市民が頭の中で考え、心に浮かんだことを話しただけで罪にされかねません。また、話さなくても黙示（暗黙の了解、あうんの呼吸など）で犯罪が成立する可能性もあります。過去の法務省刑事局長答弁では、「まばたきや、うなずくという行為でも成立する」、「『黙示の行動』でイロイロすることで共謀罪が成立することは、ありえなくはない」と答弁しています。つまり、客観的証拠もなく、国民は罪に陥れられる可能性があるのです。

したがって、「思想の自由」のほかプライバシー権（憲法第13条）を侵害するという危険性の本質は変わりませんから、憲法が要請する適正手続き（第31条）に反してもいます。

仮に起訴がなされず逮捕がなされるだけで、戦前の治安維持法と同様に普通の国民を弾圧する効果を発揮し、国民の活動を委縮させることでしょう。恐ろしい「戦時下の治安立法」による監視国家になります（参照、内田博文『刑法と戦争―戦時治安法制のつくり方』みすず書房・2015年）。

全国の刑事法学者らは2017年2月1日「共謀罪法案の提出に反対する刑事法研究者の声明」を出しました。その呼びかけ人及び賛同者は計155人です(同月12日現在)。

◆戦争加害国は基本的人権蹂躙国にもなる

要するに、安倍政権はテロ対策を口実にしてテロとは無関係な活動をする国民の基本的人権まで不当に制限しようとしています。日本は戦争加害国になると基本的人権蹂躙国になるのです。平和主義が蹂躙されれば、基本的人権の尊重主義も蹂躙されることになるという悪循環の典型です。

しかし、日本が、アメリカの戦争に本格的に加担する国家になると、日本と日本人がテロの対象になるのですから、最も有効なテロ対策は、アメリカの戦争にこれ以上加担せず、これまでの戦争加担を反省し謝罪することです。

◆立憲主義と民主主義の関係

さてここで、〝憲法と政治の関係〟を、〝立憲主義と民主主義の関係〟という視点で整理して説明しておきましょう。

自由権の保障や統治機構の権限の制限については、それらが国家など公権力によって遵守されなければ、国民の自由権的基本的人権が侵害され、公権力が暴走することになりますから、それに〝歯止め〟をかけているのが、近代以降の立憲主義です。この〝歯止め〟の意味での立憲主義を実現することは、近代以降の政治の最低限の要求です。戦争放棄の平和主義と平和的生存権の保障は、現代立憲主義の要請ですが、統治機構の権限の制限という点では、〝歯止め〟としての近代憲法的要求を通じたものです（もちろん、平和外交という積極的な政治が要求もされます）。

立憲主義には、もう一つあります。それは、公権力に対し社会権の保障を要求していることです。これは、国民にとっての〝セーフティーネット〟としての要求ですが、知る権利や環境権の保障の論理も、これに含まれます。この〝セーフティーネット〟としての要求を含む立憲主義は、現代的立憲主義であり、これも政治に対する最低限の要請であることには変わりありません。

以上の二つの意味での最低限の要求としての立憲主義による政治は、日本国憲法が最低限要求している政治であり、民主主義においても最低限要求される政治です。私たち主権者は、日本国憲法の立場を勘違いしなければ、日本国憲法が要求する最低限の要求を民主主義の実現によって達成されることを目指すことができます。この政治は、憲法の真価を活かす最低限の政治、つまり、下限の活憲政治です。

もっとも、もし主権者国民の多数がこの立憲主義の要求を勘違いして、日本国憲法の要請に反する法案に賛成したとしても、立憲主義は、それを違憲・無効にすることを要請しています。この点では、多数派の暴走に歯止めをかけているのが立憲主義であり、民主主義も立憲主義による規制を受けるのです。

ところで、日本国憲法の最低限の要求を超えて国民の福祉をもっと実現することは、日本国憲法が禁止しているわけではありません。むしろ、そのような政治を許容しています。

人口のほとんどを占める労働者・経済的弱者・社会的弱者が、「死の商人」・「ブラック企業」のための政党（自民党など）を支持せず、自分らのための政党を支持して選挙でその政党に投票し、真の民主主義的政治が実現できれば、日本国憲法が許容する、もっと高度な福祉国家政策を実現することを可能にします。この政治は、日本国憲法の最低限の要請を超え、日本国憲法の許容する政治です。これも活憲政治の一つで、下限を超える活憲政治です。これは、立憲主義に反しない、立憲主義が許容する民主主義政治です。

もし、その〝日本国憲法の真価〟が100％発揮され、〝日本国憲法の許容する政治〟が完全実現されても、それでもまだ実現しない、さらにもっと高度な福祉国家政策があるにもかかわらず、日本国憲法の下では実現しない場合（例えば、財界のためではなく、庶民のために実施した法政策が最高裁で違憲であると判示された場合など）、それでも、その政策を実現したいのであれば、その時こそ、主権者国民が積極的に立ち上がり、日本国憲法を改正する、あるいは新憲法を制定すればよいのです。これは、自民党「日本国憲法改正草案」とは真逆のものです

◆将来は平和主義の完全実施を！

日米安保条約がある以上、米軍基地問題は解決しません。沖縄県民をはじめ米軍基地周辺の国民の苦しみが、それを物語っています。将来は、日本をアメリカに従属させている日米安保条約を廃棄し、

他国の武力攻撃の標的になり、地元住民の平和的生存権を侵害している米軍基地を全て撤去させ、平和条約に切り替えさせる必要があります。「ならず者国家」であるアメリカとの軍事同盟を深化させ米軍に軍事基地を提供したまま、アメリカの戦争に加担し続ければ、今後日本は、他国から武力攻撃を受け、あるいはテロを受けることになるのは必至です。ですから、日米安保条約は廃棄するしかありません。

また、平和的生存権を保障させるために、米軍の補完部隊である自衛隊についても、例えば災害救助隊に改組させるなどして、政府から戦争をする手段を奪っている憲法9条第2項を完全実施させることも必要です（参照、渡辺治・福祉国家構想研究会編『日米安保と戦争法に代わる選択肢』大月書店・2016年340〜352頁、357〜377頁）。

◆〝憲法の要請する政治〟の具体例としての平和主義と予算

日本に憲法を遵守し憲法に基づく政治を実行する民主的な政権が誕生し、日米安保条約を廃棄して駐留米軍がなくなれば、また、自衛隊が解体され、災害救助隊に改変されれば、国家予算の在り方を大きく変えることにつながります。

例えば、日本が戦争する国家に変貌することは、防衛予算の膨張を招きます。すでに指摘したように、政府は2017年度予算案で、防衛費を過去最大の5兆1000億円程度にしそうです。

安保関連法を廃止すれば、このように防衛予算が拡大する必要はないはずですし、自衛隊を災害救助隊に改変すれば、その分の予算の意味もあり方も本質的に変わるでしょう。

◆平和主義に関連する〝憲法の要請している政治〟

憲法破壊の軍事大国化から憲法の要請する平和主義に180度変わることは、他の政策にも影響します。例えば、自民党など改憲勢力は、政府が戦争を強行するためには軍事機密を中心に秘密国家をつくる必要があるので、安保関連法の制定（2015年9月）前に特定情報保護法（＝特定情報隠蔽法）を2013年12月に制定しましたが、同法についても、これを廃止させる必要があります。

もっとも、それだけでは不十分です。「知る権利」（憲法第21条）を保障させるために、いわゆる情報公開法に「知る権利」を明記させ、非開示情報を必要最小限なものに限定する改正をさせることも必要です。もちろん、「知る権利」を保障するために、あえて憲法改正をする必要はありません。

改憲勢力は、すでに、侵略戦争の旗となった「日の丸（日章旗）」を国旗と定め、天皇主権のためにつくられた「君が代」を国歌と定める国旗・国歌法を制定しましたが、いずれも、平和主義、国民主権に反するし、学校教育などで強制されれば基本的人権（第19条）を侵害することになるので、同法は廃止されるべきです。

また、天皇が代替わりしたときにだけ元号を改める「一世一元制」は、日本の歴史ではなく、明治以降つくられたものですから、「一世一元制」を明文化した元号法は、天皇主権の明治憲法の下では整合性があったでしょうが、国民主権の日本国憲法の下では整合性がないので、国民主権主義を徹底させるためにも廃止されるべきです。

◆〝財界の要求する新自由主義政策〟から〝憲法の許容する高度な福祉国家政策〟への転換を！

憲法破壊の軍事大国化は、福祉国家を否定し弱肉強食の新自由主義政策を推進してきました。自民党のスポンサーの財界が要求してきたからです。軍事大国化するためには国家予算は福祉国家の予算では不可能ですから、福祉予算を削減する新自由主義政策を推進してきました。アメリカがその代表例です。軍事大国化から憲法の要請する平和主義に変わることは、新自由主義政策を止めて、憲法の許容する、より高度な福祉国家政策を推進することを可能にします。

経済的弱者である中小零細企業の経済活動の自由（憲法第22条）は、財界の要求した新自由主義政策である「聖域なき構造改革」により実質的に侵害され、大企業や多国籍企業の経済的自由を不当に拡大させてきたため、構造的な格差社会を生み出しましたから、その原因となった規制緩和を止めさせる必要があります。もっとも、それだけではなく、憲法の「公共の福祉」（第22条・第29条）が許容しているように大企業や多国籍企業に対する規制を元の状態に戻して、経済的弱者である中小零細企業の経済活動を国（国会）の政策的判断（補助金増額）で保護することも必要です。そのために憲法改正を行う必要はありません。

２０１７年度概算要求で、中小企業対策費はわずか１３５１億円です。これは、米軍が負担すべき基地の光熱費や人件費などの「思いやり予算」約１９００億円よりも少ないのです。中小企業対策費はもっと増額しなければなりません。従業員の給与の引き上げのためにも、増額が不可欠です。

企業が蓄えたもうけを示す「内部留保」（毎年の決算で、製品やサービスの売上高から、人件費や原材料費、借金の利払い費、法人税などを差し引き、残った「最終（当期）利益」から株主への配当などを支払い、最後に残ったお金）が増え続けています。財務省の法人企業統計によると、２０１５年度は３７７兆８６８９億円と前年度から約23兆円増加し、４年連続で過去最高を更新したと毎日新聞が報じました（「内部留保　増え続け３７７兆円　賃上げ、投資　迫る政府」毎日新聞２０１６年11月6日11時24分）。

企業の内部留保の推移（金融・保険業除く）

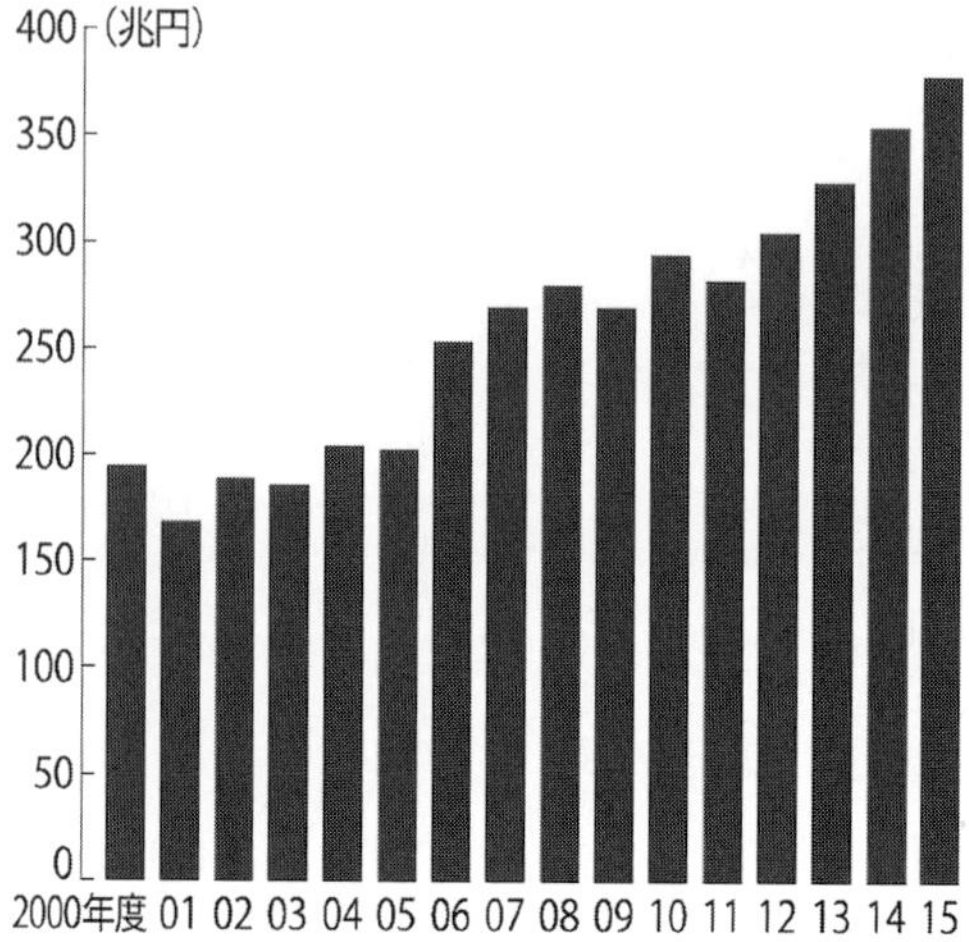

出所：毎日新聞2016年11月6日11時24分

他方、大企業の法人税の実効税率（国税である法人税に地方税である法人住民税、法人事業税を加えた税率）は40％だった時もありますが、今では29・74％まで引き下げられ（そのうえ、研究開発減税や外国税額控除もある）、１９８９年に３％で始まった消費税率は今では８％に引き上げられています（10％への引き上げは２０１９年10月まで延期）が、前者は応能負担させ、税率を徐々に引き上げ40％に戻すべきですし、後者はとりあえず5％または3％引き下げ、将来的には、貧富の格差がある社会で不公平税制となっている消費税は廃止され、税制は消費税導入前に戻されるべきです。

これまで自公政権による新自由主義政策により労働法制も改悪されてきました。特に労働者派遣法（1985年制定、86年施行）は2003年の「改正」で物の製造業務にまで派遣が解禁されるなどしたため、大勢の非正規労働者（約1985万人）を生み出し（労働者に占める非正規の比率は37・9％）、企業が労働者を使い捨てることを容易にしてきました。名ばかりの管理職や偽装請負も社会問題となってきました。いわゆるブラック企業（長時間労働、残業、休日出勤、無理な勤務シフトを強要し、低賃金、サービス残業、残業代の不払い、不当な雇い止め、辞めることの拒絶、有給休暇なしの労働条件、パワハラ、法令違反などを行う企業）を増産すると同時に、労働者の「勤労の権利」（第27条）を侵害してきました。その結果が労働者の過労死や過労自殺であり、あるいは、一生懸命働いても生活保護の水準を下回る収入しか得られない〝ワーキングプア〟を大量生産してきました。

安倍自公連立政権は、「生涯ハケン」「正社員ゼロ」社会を目論み続けています。労働基準法改悪による「残業代ゼロ」法案の推進、裁量労働制の拡大、ジョブ型社員（限定社員制度）、解雇の金銭解決制度など雇用における異常な規制緩和の推進を図り、働く人の保護のための資本への規制強化から、企業活動を重視する規制緩和路線への転換が乱暴に押し進められようとしています。

厚生労働省に設置された「働き方の未来2035：一人ひとりが輝くために」懇談会は、2035

年を見据えた今後の労働政策に関する報告書を取りまとめましたが、それによると、技術革新によって働き方の「自律化」「多様化」「流動化」が進むとして「2035年には、個人が、より多様な働き方ができ、企業や経営者などとの対等な契約によって、自律的に活動できる社会に大きく変わっている」と打ち出し、「すべての働くという活動も、相手方と契約を結ぶ以上は、民法が基礎となる」などとしています。これでは、「働き方の自律化」を前提とするもので、労働法制による規制を否定・後退させることは必至でしょう。

以上の策動を阻止し、労働者のワーキングプアに「歯止め」をかけるために労働法制を改めるにとどまらず、さらに、「勤労の権利」をきちんと保障し、労働者を正当に保護することも必要なのです。

大企業の役員報酬額はあまりにも高額すぎます。例えば、「週刊東洋経済」の上場企業役員報酬についての報道によると、キョウデン前会長（橋本浩）12億9200万円（大半は退職慰労金）、カシオ計算機代表取締役（樫尾和雄）12億3300万円など、10億円以上は5名もおり、1億円超は443名もいるというのです。これは明らかに不当な搾取の結果です。その分は、労働者への正当な対価としての支払いに回すべきです。それゆえ、大企業の役員報酬額についても法律で、例えば、「上場企業の役員報酬は年間最低給与の正規従業員の年間給与額の10倍を超えてはならない」など歯止めをかけながら勤労者の賃金を引き上げさせるよう誘導することも必要です。

また、高額な役員報酬を受け取っている経営者の所得税の税率も引き上げるべきです。異常に高額な所得は不当な搾取や不労所得の結果だからです。かつて8000万円を超す所得に対する税率

私立大学等における経常的経費と経常費補助金額の推移

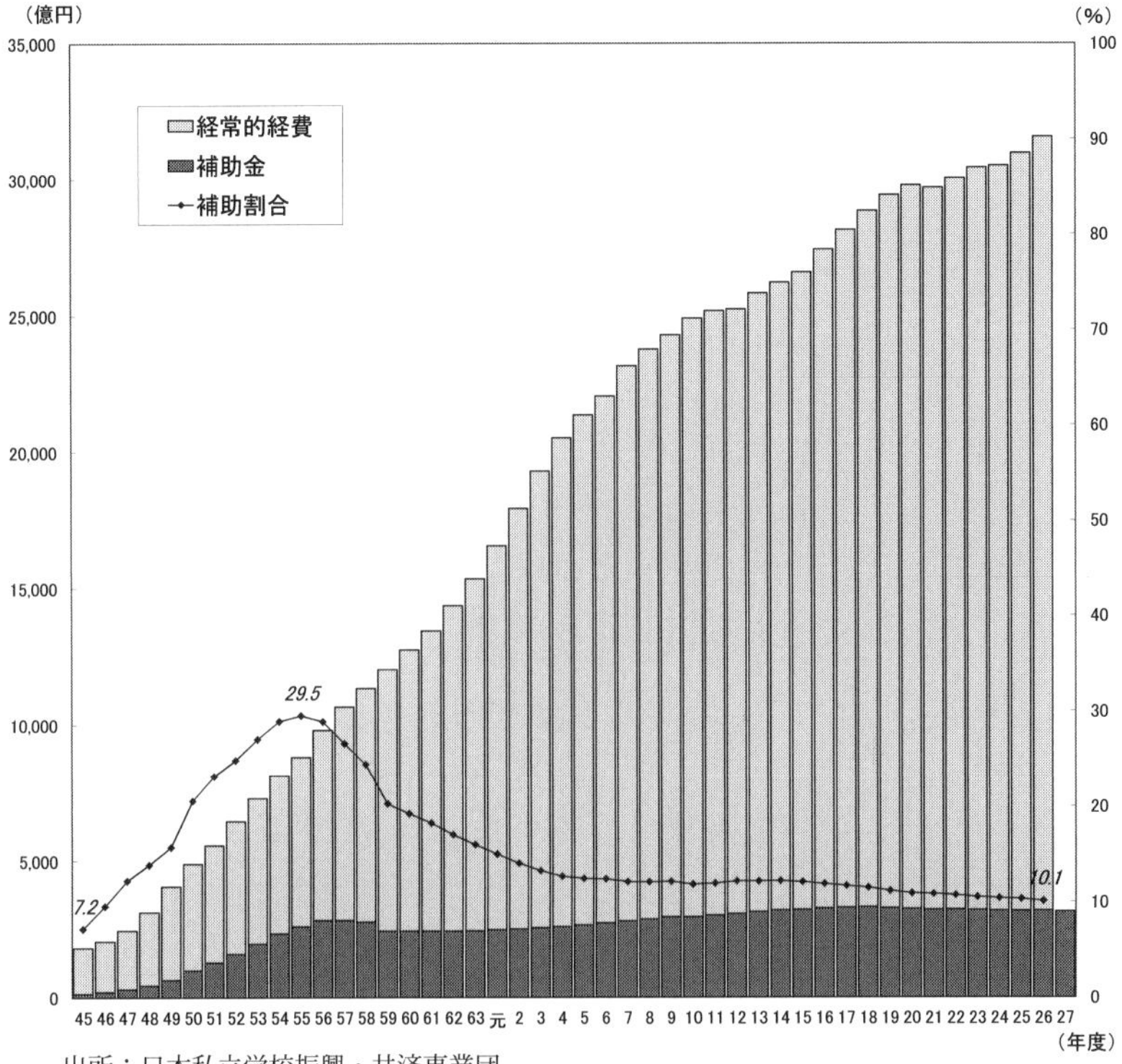

出所：日本私立学校振興・共済事業団

は75%でしたが、消費税導入後、大幅に引き下げられ、２００７年改定では40%となっていました（ただし２０１３年改正で45%）。しかし、元の75%に戻して引き上げられるべきです。

「教育を受ける権利」（憲法第26条）を実質的に保障するためにも、生存権の保障の拡充はいうまでもなく、私立高校の授業料の無償化および給付型奨学金の拡充、国公立大学・私立大学等の高すぎる授業料の大幅引き下げ（将来は無償）のための国の文教予算を大幅に拡充させることも必要です。これも、憲法改正する必要はありません。

◆〝日本国憲法が許容する政治〞の先を目指して

以上、思いつくままにいくつか具体例を挙げました。これらを行うために憲法改正を行う必要はなく、むしろ日本国憲法の下で、庶民のために日本国憲法の真価を実行する真の国民主権政治（憲法前文・第1条）が実現すれば、国民はこれまでの事実上の財界主権政治のオコボレよりも格段に豊かな生活が可能になります。

もちろん、政策の優先順位や政策の組み合わせも考えないといけません。一政策についても、それを一気に進めるのか、それとも段階的に進めるのかについても、きちんと考えなければなりません。ですが、いずれにせよ、以上の〝憲法の許容する高度な福祉国家政策〞を実現する政治は、〝日本国憲法の要請する政治〞の延長上に構想される〝日本国憲法の許容する政治〞であり、〝私たち主権者国民の生活・人生を、より豊かにする政治〞になるでしょう。

その政治を推進し実現する勢力が国会の多数派になり、政権を獲れるよう、主権者国民は、衆参国政選挙や地方選挙で選挙運動、そのための投票をしなければなりませんが、そのためには、自分たちの運動が選挙に反映するよう、日頃も政治活動・市民運動を行い続けなければなりません。その運動の成果として〝日本国憲法の真価を発揮した政治〞が実現し、私たちは初めて実際名実ともに真の主権者になることでしょう。

おわりに

２０１６年12月の国連総会で、すべての人が「平和を享受する権利を有する」と明記した「平和への権利宣言」が採択されました。これは、２００３年のイラク戦争で多くの市民が巻き込まれたことをスペインのＮＧＯが疑問視し「平和に対する人権規定があれば戦争を止められたのでは」との思いから賛同が広がり、ＮＧＯも出席できる国連人権理事会での議論を経て、国連総会で採択されたもので、国家が関与する戦争や紛争に、個人が「人権侵害」と反対できる根拠となる宣言です。この宣言を実施するための「適切で持続可能な手段」を各国や国連に求めています（「『平和に生きる権利』日本、採決反対　戦争を『人権侵害』と反対する根拠　国連総会で宣言」東京新聞２０１７年2月19日朝刊）。

ところが、報道によると、この宣言に対しては、米英などイラク戦争の有志連合の多くとともに、日本も反対に回りました。日本外務省人権人道課の担当者は「理念は賛成だが、各国で意見が一致しておらず議論が熟していない」と弁明したそうですが、これが本当の理由ではないでしょう。むしろ、安倍政権が「戦争できる国家」づくりを進めており、安倍自民党が日本国憲法の保障する平和的生存権を削除することを目指していることが、真の理由でしょう。

「本年は憲法施行70年を迎えます。次の70年に向けて新しい憲法の姿を形づくり、国会における憲法論議を加速させ、憲法改正に向けた道筋を国民に鮮明に示す。」「国民各層の理解を得つつ、両院の憲法審査会や各党との連携を図り、憲法改正原案の発議に向けて具体的な歩みを進める。」

これは、自民党の2017年運動方針（3月5日の党大会で採択）の一部です。

となると、主権者国民は、自民党の「憲法改正」（明文改憲）論の正体を正確に把握する必要があります。本書の第6章で自民党「日本国憲法改正草案」を取り上げて個々具体的に分析し、詳細に問題点を指摘しました。また、第5章では、明文改憲の先取りの一部である、安倍政権の「解釈改憲」と安倍政権・与党の「立法改憲」を取り上げ、分析し、具体的に問題点を指摘しました。第3章で指摘した「9条改憲の目的」も含め、今の具体的な改憲論の正体を、私なりに暴いたつもりです（過去の改憲論議とそこでの論点については、渡辺治『憲法改正の争点』旬報社・2002年を参照）。自民党の改憲論は、ある一定の価値に基づいているので体系的なものです。それゆえ、本書をお読みいただいた皆様には、平和主義の「改正」は、それだけで完結せず、それが基本的人権や統治機構など他の事項の「改正」にまで波及していることがわかっていただけるのではないでしょうか。

ところで、戦前の「教育勅語」を高く評価して園児に暗唱させている幼稚園があり、同幼稚園は園児に軍歌も唱和させていて、マスメディアでも取り上げられ、注目されました。これに関し、稲田朋美防衛大臣は、3月8日の参議院予算委員会で、「教育勅語の精神である親孝行や、友だちを大切にすることなど、核の部分は今も大切なものとして維持しており、そこは取り戻すべきだと考えている」、「教育勅語の精神である、日本が高い倫理観で世界中から尊敬される道義国家を目指すべきだという考えは、今も変わっていない」と述べました。また、「教育勅語が戦前、戦争への道につながるなど、問題を起こしたという意識はあるか」と問われたのに対し、「そういうような一面的な考え方はしていない」と述べました（「稲田防衛相『教育勅語の核の部分は取り戻すべき』ＮＨＫ２０１７年３月８日18時44分）。

しかし、「教育勅語」（教育ニ関スル勅語）は、自由民権運動を弾圧して制定された大日本帝国憲法の施行（１８９０年11月29日）の１カ月後（同年10月30日）に発布されたもので、それ以来、学校の式典等で朗読され、日本は、戦争に明け暮れ、多くの国民がその戦争に動員され、犠牲にもなりました。

「教育勅語の核」は、その歴史的役割を踏まえて考えれば、主権者天皇がその臣民（国民）に対し、儒教的な道徳を一方的に強要することに加えて、「常に（天皇主権で基本的人権を保障せず戦争を許容し臣民の兵役の義務を課していた）大日本帝国憲法を尊重し、（そのもとで制定された）法律を遵守しなさい」、「もし非常事態が起きたら勇敢に公（＝国家）に身を奉げ（＝滅私奉公し）、これによって、永く繁栄し続ける皇室の運命を助けなさい」と命じたところにあります（「常ニ国憲ヲ重ンジ国法ニ遵ヒ」「一旦緩急アレバ義勇公ニ奉ジ、以テ天壌無窮ノ皇運ヲ扶翼スベシ」）。これが、軍国主義を可能にし、国民を動員可能にしたのです。

だからこそ、「ポツダム宣言」を日本が受諾した翌１９４６年10月９日、文部省令によって、国民学校令施行規則の一部が改正され、「教育勅語捧読」などに関する規定が削除され、教育勅語に代わるものとして教育基本法が翌47年に帝国議会で制定されました（同年３月31日公布・施行）。そして、日本国憲法が同年５月３日に施行された翌48年６月19日に、衆議院が「教育勅語等排除に関する決議」を、参議院が「教育勅語等の失効確認に関する決議」を行いしました。日本国憲法前文は「人類普遍の原理」に戻づく日本国憲法に「反する一切の憲法、法令及び詔勅を排除する」と明記していた（前文。さらに第98条）ので、両決議はこれを確認したものと解すべきです。

要するに、「教育勅語の核」は、ポツダム宣言に矛盾し、日本国憲法の国民主権主義、基本的人権尊重主義、非軍事平和主義に反するものなのです。

稲田大臣はその「教育勅語の核を取り戻す」というのですから、本書で解説したように自民党「日本国憲法草案」が成立してしまうと、国民主権は後退し基本的人権が実質否定され戦争を許容することになるので、自民党政権が、日本国が行う如何なる戦争にも積極的に協力する従順な国民（少なくとも反対しない国民）を育成するために「教育勅語」の暗唱等を全国の児童・子どもらに強要しても、違憲にはならないことになるでしょう。

最後に、更なる警戒を呼び掛けたいのは、日米安保体制の今後の行方です。今年2月12日、安倍晋三首相とアメリカの新大統領（ドナルド・J・トランプ大統領）との最初の首脳会談がワシントンで行われ、その「共同声明」は、次のように日米同盟を一層強化するための強い決意を確認しました（「日米首脳会談の共同声明全文」読売新聞２０１７年2月21日）。

「アジア太平洋地域において厳しさを増す安全保障環境の中で、米国は地域におけるプレゼンス（存在）を強化し、日本は同盟におけるより大きな役割及び責任を果たす。日米両国は、２０１５年の『日米防衛協力のための指針（ガイドライン）』で示されたように、引き続き防衛協力を実施し、拡大する。日米両国は、地域における同盟国及びパートナーとの協力を更に強化する。両首脳は、法の支配に基づく国際秩序を維持することの重要性を　強調した。」

これによりアメリカは日本への軍事的要求をさらに強めてくるでしょうし、安倍首相はこれに乗じて自らが目指す軍事大国化に拍車をかけることでしょう。そのことを意識して私たち主権者は運動をより拡大し、より強化しなければなりません。

本書第1章では日本国憲法の世界史的及び日本史的意義を有していることについて、第7章では日本国憲法の真価と現実の政治・政策との関係、「立憲主義と民主主義の関係」についても説明しました。ですから、第1章と第7章を読んでいただければ、主権者国民は、国民主権を放棄せず主権者であり続ける以上、立憲主義と民主主義を蹂躙する暴走政治に失望せず、むしろ、暴走政治を本来の立憲主義と民主主義に基づく政治へと本質的に変えるという希望と夢を抱き続けていただけるのではないでしょうか。

そして、日本国憲法の学習、主権者としての粘り強い運動および選挙での理性ある投票行動を行えば、将来、〝日本国憲法の真価を生かして活かし、日本国憲法の要請を最低限にした政治〟、〝日本国憲法の許容する、より高度な福祉国家の政治〟を実現し、実際にも主権者のための〝国民主権主義に基づく真の民主主義〟を築けることも、ご理解いただけるのではないでしょうか。これは、実現不可能な夢ではなく、実現可能な夢です。

本書は、これまでの複数の拙著の主要部分を大きくバージョンアップし、1冊にまとめたものです。日本国憲法施行70周年の節目にぜひお読みいただき、憲法や改憲の学習、憲法運動や平和運動、日常の市民運動や選挙運動に役立ててください（なお、参考文献については本書の性格上限定して紹介しました）。

本書の出版も含め、これまで市民向けブックレットの出版のお誘いをいただいた、日本機関紙出版センターの丸尾忠義さんには、心より厚くお礼申し上げます。ありがとうございました。

２０１７年３月12日

【著者紹介】

上脇　博之（かみわき　ひろし）

1958年生まれ。鹿児島県姶良郡隼人町（現「霧島市隼人町」）出身。加治木高校、関西大学法学部卒業。神戸大学大学院法学研究科博士課程後期課程単位取得。博士（法学。神戸大学）。
神戸学院大学法学部教授。憲法学。政党、政治資金、選挙制度などの憲法問題が専門。
政治資金オンブズマン共同代表、「憲法改悪阻止兵庫県各界連絡会」（兵庫県憲法会議）事務局長など。
単著　『なぜ4割の得票で8割の議席なのか』日本機関紙出版センター　2013年
　　　『自民改憲案 VS 日本国憲法』同　2013年
　　　『安倍改憲と「政治改革」』同　2013年
　　　『どう思う？　地方議員削減』同　2014年
　　　『誰も言わない政党助成金の闇』同　2014年
　　　『財界主権国家・ニッポン』同　2014年
　　　『追及！民主主義の蹂躙者たち』同　2015年
　　　『告発！政治とカネ』かもがわ出版　2015年
　　　『追及！安倍自民党・内閣と小池都知事の「政治とカネ」疑惑』　2016年
共著　『国会議員定数削減と私たちの選択』新日本出版社　2011年
　　　『新・どうなっている!?日本国憲法〔第3版〕』法律文化社　2016年

日本国憲法の真価と改憲論の正体

2017年4月20日　初版第1刷発行
2019年4月10日　初版第2刷発行
2025年4月20日　初版第3刷発行

著　者　上脇博之
発行者　坂手崇保
発行所　日本機関紙出版センター
〒553-0006　大阪市福島区吉野3-2-35
TEL 06-6465-1254　FAX 06-6465-1255
http://kikanshi-book.com/
hon@nike.eonet.ne.jp
本文組版　Third
編　集　丸尾忠義
印刷・製本　シナノパブリッシングプレス

Printed in Japan
ISBN978-4-88900-944-6